MARCO ⊕ POLO
ÄGYPTEN

Reisen mit Insider-Tips

Diese Tips sind die ganz speziellen Empfehlungen unserer Autoren. Sie sind im Text gelb unterlegt.

Sechs Symbole sollen Ihnen die Orientierung in diesem Führer erleichtern:

für Marco Polo Tips – die besten in jeder Kategorie

für alle Objekte, bei denen Sie auch eine schöne Aussicht haben

für Plätze, wo Sie bestimmt viele Einheimische treffen

für Treffpunkte für junge Leute

(A1)
Koordinaten für die Übersichtskarte und den Stadtplan
(O) *außerhalb des Stadtplans*

Die Marco Polo Route in der Karte verbindet die schönsten Punkte Ägyptens zu einer Idealtour.

*Diesen Führer schrieb Birgit Bogler.
Als freie Journalistin und Übersetzerin arbeitete sie zwei Jahre in Kairo. Ihr Spezialgebiet ist die Nahost-Politik.
Die Marco Polo Reihe wird herausgegeben von Ferdinand Ranft.*

MAIRS GEOGRAPHISCHER VERLAG

MARCO ⊕ POLO

Für Ihre nächste Reise gibt es folgende Titel dieser Reihe:

Ägypten • Alaska • Algarve • Allgäu • Amrum/Föhr • Amsterdam • Andalusien • Antarktis • Argentinien/Buenos Aires • Athen • Australien • Bahamas • Bali/Lombok • Baltikum • Bangkok • Barbados • Barcelona • Bayerischer Wald • Berlin • Berner Oberland • Bodensee • Bornholm • Brasilien/Rio • Bretagne • Brüssel • Budapest • Bulgarien • Burgenland • Burgund • Capri • Chalkidiki • Chiemgau/Berchtesgaden • China • Costa Brava • Costa del Sol/Granada • Costa Rica • Côte d'Azur • Dänemark • Disneyland Paris • Dolomiten • Dominik. Republik • Dresden • Dubai/Emirate/Oman • Düsseldorf • Eifel • Elba • Elsaß • England • Erzgebirge/Vogtland • Feuerland/Patagonien • Finnland • Flandern • Florenz • Florida • Franken • Frankfurt • Frankreich • Frz. Atlantikküste • Fuerteventura • Galicien/Nordwest-Spanien • Gardasee • Golf von Neapel • Gran Canaria • Griechenland • Griech. Inseln/Ägäis • Hamburg • Harz • Hawaii • Heidelberg • Holland • Hongkong • Ibiza/Formentera • Indien • Ionische Inseln • Irland • Ischia • Island • Israel • Istanbul • Istrien • Italien • Italien Nord • Italien Süd • Ital. Adria • Ital. Riviera • Jamaika • Japan • Java/Sumatra • Jemen • Jerusalem • Jordanien • Kalifornien • Kanada • Kanada Ost • Kanada West • Kanalinseln • Karibik I • Karibik II • Kärnten • Kenia • Köln • Königsberg/Ostpreußen Nord • Kopenhagen • Korsika • Kreta • Krim/Schwarzmeerküste • Kuba • Lanzarote • La Palma • Leipzig • Libanon • Lissabon • Lofoten • Loire-Tal • London • Luxemburg • Macau • Madagaskar • Madeira • Madrid • Mailand/Lombardei • Malaysia • Malediven • Mallorca • Malta • Mark Brandenburg • Marokko • Masurische Seen • Mauritius • Mecklenburger Seenplatte • Menorca • Mexiko • Mosel • Moskau • München • Namibia • Nepal • Neuseeland • New York • Nordseeküste: Schlesw.-Holst. • Normandie • Norwegen • Oberbayern • Oberital. Seen • Oberschwaben • Österreich • Ostfries. Inseln • Ostseeküste: Mecklbg.-Vorp. • Ostseeküste: Schlesw.-Holst. • Paris • Peking • Peloponnes • Pfalz • Philippinen • Polen • Portugal • Potsdam • Prag • Provence • Rhodos • Riesengebirge • Rom • Rügen • Rumänien • Rußland • Salzburg/Salzkammergut • San Francisco • Sardinien • Schottland • Schwarzwald • Schweden • Schweiz • Seychellen • Singapur • Sizilien • Slowakei • Spanien • Spreewald/Lausitz • Sri Lanka • Steiermark • St. Petersburg • Südafrika • Südamerika • Südengland • Südkorea • Südsee • Südtirol • Sylt • Syrien • Taiwan • Teneriffa • Tessin • Thailand • Thüringen • Tirol • Tokio • Toskana • Tschechien • Tunesien • Türkei • Türk. Mittelmeerküste • Umbrien • Ungarn • USA • USA: Neuengland • USA Ost • USA Südstaaten • USA Südwest • USA West • Usedom • Venedig • Venezuela • Vietnam • Wales • Die Wartburg/Eisenach und Umgebung • Weimar • Wien • Zürich • Zypern • Die besten Weine in Deutschland • Die 30 tollsten Ziele in Europa • Die tollsten Hotels in Deutschland • Die tollsten Restaurants in Deutschland

Die Marco Polo Redaktion freut sich, wenn Sie ihr schreiben:
Marco Polo Redaktion, Mairs Geographischer Verlag
Postfach 31 51, D-73751 Ostfildern

Unsere Autoren haben nach bestem Wissen recherchiert. Trotzdem schleichen sich manchmal Fehler ein, für die der Verlag keine Haftung übernehmen kann.

Titelbild: Kopf des Ramses, Theben (Lade/Scharf)
Fotos: Autorin (27); Flottau (Anreise, 34, 53, 59, 88); Mauritius: Eberle (57), Feckete (87), fm (7, 10), Gierth (24, 41), Knobloch (6), Kugler (42), Martens (80, 84), Mollenhauer (31, 74), Otto (64), Schwarz (12, 32, 61), Vidler (4, 19, 38, 48, 91); Schapowalow: Hilmer (15), Weyer (66, 70) Thamm (47, 76); tm Bildarchiv (28); Transglobe Agency: J. G. Scheibner (18)

7., aktualisierte Auflage 1997
© Mairs Geographischer Verlag, Ostfildern
Lektorat: Claudia Biehahn
Gestaltung: Thienhaus/Wippermann (Büro Hamburg)
Sprachführer: in Zusammenarbeit mit Ernst Klett Verlag für Wissen und Bildung GmbH,
Redaktion PONS Wörterbücher
Das Werk einschließlich aller seiner Teile ist urheberrechtlich geschützt. Jede urheberrechtsrelevante Verwertung ist ohne Zustimmung des Verlages unzulässig und strafbar. Das gilt insbesondere für Vervielfältigungen, Übersetzungen, Nachahmungen, Mikroverfilmungen und die Einspeicherung und Verarbeitung in elektronischen Systemen.

Printed in Germany
Gedruckt auf 100% chlorfrei gebleichtem Papier

INHALT

Auftakt: Entdecken Sie Ägypten! 5
*Bei Ägypten denkt man an Gräber, Tempel,
Moscheen und Pyramiden. Doch das Land bietet noch mehr*

Geschichtstabelle 8

Ägypten-Stichworte: Sitten, Tradition und Gebräuche 13
*Kopten und Islam, Moscheen und Pyramiden:
kurz zusammengefaßt*

Essen & Trinken: Fladenbrot zu allen Tageszeiten 25
*In Restaurants bekommen Sie die ganze Palette
orientalischer Vorspeisen in vielen Schälchen auf den Tisch*

Einkaufen & Souvenirs: Gold, Silber, Kupfer und Messing 29
*Auf den Basaren dreht sich der Handel um viel
Schillerndes, Leder und Gewürze*

Ägypten-Kalender: 1001 Nacht 33
*Prozessionen im Stil der Pharaonen und Volksfest-
stimmung rund um die Moscheen*

Kairo: Um al dunya – Mutter der Welt 35
*So nennen die Ägypter ihr Land und auch ihre
Hauptstadt. Hier treffen arabische Tradition und
westliche Moderne aufeinander*

Oberägypten: Götter, Tempel, Pharaonen 49
*Hautnah auf den Spuren Nofretetes und Tut-Anch-
Amuns: Hier liegt Ihnen das alte Ägypten zu Füßen*

Das Delta: Wein aus dem Delta – dann an den Strand 67
*Genießen Sie mediterrane Lebensfreude an schneeweißen
Stränden mit türkisblauem Meer*

Sinai und Rotes Meer: Schillernde Unterwasserwelt 77
*An der Küste ein Tauch- und Badeparadies, im Landes-
inneren zerklüftete Felsformationen und karge Wüste –
die Heimat der Beduinen*

Oasen: Eine Welt für sich 85
*Seit Jahrhunderten scheint die Zeit in den Oasen
stillzustehen*

Praktische Hinweise: Von Auskunft bis Zoll 89

Warnung: Bloß nicht! 93

Register 95

Was bekomme ich für mein Geld? 96

Arabisch zum Zeigen 97

Sprachführer Arabisch: Sprechen und Verstehen ganz einfach ... 101

AUFTAKT

Entdecken Sie Ägypten!

*Bei Ägypten denkt man an
Gräber, Tempel, Moscheen und Pyramiden.
Doch das Land bietet noch mehr*

Vornehmlich Bildungsbeflissene reisten in früheren Zeiten an den Nil, um die Relikte der pharaonischen Hochkultur kennenzulernen. Was damals nur wenigen Privilegierten möglich war, ist heute für viele erschwinglich geworden. Die letzten Jahre bescherten Ägypten einen Touristenboom ohnegleichen, und die Nachfrage scheint ungebrochen. Die meisten Besucher begnügen sich indes mit den Monumenten des alten Ägypten, sie pilgern zu Gräbern und Tempeln. Aber Ägypten bietet mehr als Pyramiden und Kolossalstatuen. Abseits der ausgetretenen Pfade erschließt sich dem Reisenden die Vielfalt eines Landes, das viele Eroberer gekannt hat, das neue Kulturen aufnahm und integrierte, ohne das eigene Erbe aufzugeben.

Durchqueren Sie einmal die weiße Wüste, schlafen Sie unter freiem Himmel oder in der abgeschiedenen Welt der dortigen Oasen, in denen die Menschen noch genauso leben wie vor Hunderten von Jahren. Streifen Sie durch das grüne, fruchtbare Niltal, die Lebensweise der Fellachen, der Bauern Ägyptens, war auch zu Zeiten der Pharaonen nicht viel anders als heute. Spannen Sie aus, erholen Sie sich in Assuan, diesem kleinen gemächlichen Städtchen am Schnittpunkt zweier Kulturkreise, lauschen Sie der nubischen Musik, während Sie auf einer Feluke, einem seit alter Zeit gebräuchlichen Segelboot, dahingleiten – hier beginnt Schwarzafrika, die Musik und ihre schon afrikanisch gefärbte Melodik verraten es. Oder genießen Sie Ihren Sundowner auf der Terrasse des Old-Cataract-Hotels, so wie es schon die britischen Kolonialoffiziere taten – die Kolonialmacht mußte gehen, Assuans beschauliche Nillandschaft mit ihren gelben Sanddünen und Felsen blieb, wie sie schon war, als Ramses II. die Tempel von Abu Simbel errichten ließ. Erst der gigantische Staudamm südlich von Assuan veränderte die seit Jahrtausenden

*20 m hoch und 73,5 m lang
ist die Sphinx – Zeugnis
jahrtausendealter Kultur*

gewachsene Umwelt – ein riesiger See bedeckt seitdem die ehemaligen Siedlungsgebiete der Nubier. Fahren Sie auf den Sinai mit seinen atemberaubenden Felsformationen und Cañons. Besonders bei Sonnenuntergang zaubert die Natur ein grandioses Farbenspiel auf dem rötlichen Sandstein. Die Küsten des Sinai, aber auch des Roten Meeres, sind berühmt für ihre Unterwasserwelt, das glasklare Wasser birgt besonders sehenswerte Korallenriffe. Baden an schneeweißen Stränden können Sie an der Mittelmeerküste, unter Palmenhainen in El Arish oder vor der Kulisse von steil ins Meer abfallenden Kalksteinfelsen bei Marsa Matruh. Durchstreifen Sie Alexandria – von der einstigen Perle der Levante ist zwar nicht viel übriggeblieben, dennoch: Ein Hauch von Fin de siècle, von Eleganz und Dekadenz der zwanziger und dreißiger Jahre ist zumindest in einigen Hotels und Cafés auch heute noch zu spüren. Oder tauchen Sie ein in die Welt des islamischen Kairos, wo früher die Mamlucken-Sultane hofhielten und die Pilgerkarawanen durchs Stadttor Bab Al Futuh gen Mekka zogen. Besichtigen Sie Al Azhar, die älteste islamische Universität, schlendern Sie durch die engen Gassen des Khan El Khalili Basars und der umliegenden Souks. Trotz Schmutz und Armut durchzieht diesen Stadtteil auch heute noch ein Hauch von Tausendundeiner Nacht. Die reichhaltige Bausubstanz dieses Viertels dokumentiert zudem in einzigartiger Vielfalt das Leben in einer mittelalterlichen Metropole des Orients. Oder wie wäre es mit einem Besuch des koptischen Kairos? Das Christentum blickt im Land am Nil zurück auf eine jahrhundertealte Tradition; in den Kirchen Alt-Kairos, aber auch in Wüstenklöstern des Wadi Natrun können Sie ihr begegnen. Wer Ägypten wirklich kennenlernen will, braucht Zeit, viel Zeit – es ist unmöglich, alle Facetten dieses faszinierenden, aufregenden Landes auf einer einzigen Reise zu erleben.

Schöne Ägypterin im Tal der Könige

Mischen Sie sich unter die Menschen. Ägypter sind sehr kontaktfreudig, spontan und hilfsbereit, irgend jemand spricht immer wenigstens ein bißchen Englisch. Trotz ihrer Armut sind die Menschen meist fröhlich und aufgeschlossen. Ägypter nehmen das Leben gelassener als wir, von ihrer Herzlichkeit gegenüber Fremden könnte mancher Europäer etwas lernen. Natürlich gibt es aufdringliche Händler und »Anmache« von Frauen, aber normalerweise wird man

AUFTAKT

Sie als willkommenen Gast empfangen. Revanchieren Sie sich, indem Sie die einheimischen Moralvorstellungen akzeptieren, indem Sie angemessen gekleidet auf die Straße gehen, und nehmen Sie gelegentliche Unzulänglichkeiten nicht tragisch.

Ägypten und der Nil – seit Urzeiten bilden beide eine Einheit. Es war der Fluß, der die fruchtbare Erde anschwemmte, die Ägypten zum Blühen brachte und damit den Grundstein legte für eine sehr frühe Hochkultur der Menschheit. Schon Herodot, der griechische Historiker und Geograph, notierte, Ägypten sei »ein Geschenk des Nils«, und vom griechischen aigyptos stammt auch der Name des Landes. Die alten Ägypter unterschieden zwischen *keme*, dem schwarzen Land mit den fruchtbaren Flußufern, und *deshret*, dem roten Land der umgebenden Wüste. Ihr Lebensraum beschränkte sich auf das Flußtal. Der Gegensatz zwischen Wüste und Nil prägt auch heute noch das Bild. Ägypten umfaßt gut eine Million km^2, aber zirka 93 Prozent davon bestehen aus unwirtlicher Wüste, die restliche Fläche quillt über: 60 Millionen Ägypter leben hier, und jedes Jahr wächst ihre Zahl um weitere 1,5 Millionen. Die Überbevölkerung ist wohl das gravierendste Problem des modernen Ägyptens, das als Entwicklungsland vor enormen wirtschaftlichen und sozialen Schwierigkeiten steht. Die Landflucht hält unvermindert an, als Folge davon wuchern in den Städten die Elendsviertel. Groß-Kairo hat inzwischen etwa 16 Millionen Einwohner; allein in den Vierteln Shubra und Bulaq hinter dem Ramses-Bahnhof drängen sich mehr Menschen, als

Ein sehenswertes Schauspiel: der Kamelmarkt von Darau

Geschichtstabelle

4000–3200 v. Chr.
Kupfersteinzeit, Nekade-Kulturen

3200–2780 v. Chr.
1.–2. Dynastie, Pharao Menes vereinigt Unter- und Oberägypten, Memphis wird Hauptstadt

2780–2052 v. Chr.
Altes Reich, 3.–10. Dynastie, Pyramidenzeitalter

2052–1567 v. Chr.
Mittleres Reich, 11.–17. Dynastie, Theben wird Zentrum des Reiches, während der 15. und 16. Dynastie Einfall der Hyksos aus Vorderasien

1567–1085 v. Chr.
Neues Reich, 18.–20. Dynastie, kulturelle Blütezeit, Ägypten steigt zur Großmacht auf und beherrscht Vorderasien bis zum Euphrat; Pharao Echnaton verlegt die Reichshauptstadt nach Amarna, die Sonnenscheibe Aton wird als einziger Gott verehrt. Tut-Anch-Amun revidiert die Entscheidungen seines Vorgängers und kehrt zum althergebrachten Kult zurück, Theben wird erneut Hauptstadt. Unter Ramses II, der 67 Jahre regiert, wird mit den Hethitern Frieden geschlossen, unter seinen Nachfolgern, den Ramessiden, zerfällt das Reich langsam

1085–715 v. Chr.
Teilung des Landes in ein Nord- und Südreich, Abfall der ausländischen Provinzen, 21.–24. Dynastie

715–330 v. Chr.
Ägypten wird persische Provinz. 332 erobert Alexander der Große Ägypten, 25.–30. Dynastie

330–30 v. Chr.
Griechische Zeit, Ptolemäer-Könige, Kleopatras Selbstmord beendet die Herrschaft ihrer Dynastie

30 v. Chr.–395 n. Chr.
Römische Zeit, Ägypten ist Provinz des Römischen Reiches

395–641
Christlich-koptische/ Byzantinische Zeit

641
Arabisch-islamische Eroberung Ägyptens durch Amr Ibn Al As für den Kalifen in Mekka

642–969
Wechselnde islamische Herrschaft unter den Gouverneuren der Kalifen in Damaskus und Bagdad, Ibn Tulun erklärt die Unabhängigkeit von Bagdad

969–1171
Fatimiden-Herrschaft; Gründung von Al Qahira (Kairo)

1171–1250
Ayubiden-Dynastie, Sultan Saladin, Bau der Zitadelle in der islamischen Altstadt von Kairo

1250–1517
Mamlucken-Herrschaft, endgültiger Sieg über die Kreuzfahrer

1517–1798
Ägypten ist Provinz des Osmanischen Reiches

AUFTAKT

1798–1801
Napoleon fällt in Ägypten ein

1805–1848
Mohammed Ali wird zum Regenten eingesetzt, Öffnung Ägyptens nach Europa

1848–1892
Bau des Suez-Kanals, Ahmad Orabi revoltiert gegen die wachsende europäische Fremdherrschaft

1892–1922
Ägypten wird als englisches Protektorat verwaltet (ab 1914 offiziell)

1922–1952
Englischer Einfluß bleibt zwar, Ägypten aber offiziell unabhängig unter den Königen Fuad und Faruk

1954
Gamal Abdel Nasser wird Präsident, Verstaatlichung des Suez-Kanals

1956
1. Nahostkrieg mit Israel, England und Frankreich

1967
2. Nahostkrieg, Ägypten verliert den Sinai an Israel

1970
Tod Nassers, Anwar El Sadat wird Präsident

1973
3. Nahostkrieg, Ägypten erobert die israelische Bar-Lev-Linie auf dem Sinai

1979
Abkommen von Camp David

1981
Ermordung Sadats, Nachfolger: Hosni Mubarak

1982
Vollständiger Rückzug der Israelis vom Sinai

1993
Dritte Amtsperiode Mubaraks

Libyen oder die Golfstaaten Einwohner zählen. Die Analphabetenrate liegt bei knapp fünfzig Prozent, trotz intensiver staatlicher Bemühungen. Zwar gibt es 13 Universitäten mit zirka 800 000 Studenten (ein Drittel Frauen), aber es hapert an der Bereitstellung von Arbeitsplätzen. Wer die Uni absolvierte, besaß bis vor kurzem einen Anspruch auf staatliche Anstellung, dennoch gehen viele lieber ins arabische Ausland, da dort wesentlich höhere Gehälter gezahlt werden. Auch im industriellen Bereich gibt es nicht so viele Jobs, wie es notwendig wäre angesichts der Bevölkerungsexplosion. Die wichtigsten Industriezweige sind Nahrungs- und Textilindustrie, häufig in Form von Joint-ventures. Daneben werden langlebige Konsumgüter (zum Beispiel Elektrogeräte) produziert, in Heluan steht das bekannte Stahlwerk. Erdöl und verwandte Produkte werden exportiert. Trotz beachtlicher Anstrengungen, neue Arbeitsplätze zu schaffen und die Intelligenz im Lande zu halten, arbeitet der größte Teil der Ägypter nach wie vor in der Landwirtschaft. Angebaut werden hauptsächlich Baumwolle und Zuckerrohr, Getreide, Gemüse und Obst, aber auch Gewürze und Blumen für

Kein seltener Anblick: Fellachen beim Rauchen ihrer Wasserpfeife

die Parfümherstellung. Die durch den Assuan-Staudamm geregelte Bewässerung, vor allem aber das günstige Klima ermöglichen mehrere Ernten im Jahr.

Die Sommermonate sind heiß und trocken, in Kairo steigt das Thermometer bis auf 35°C im Juli/August, in Assuan werden durchschnittlich 40°C erreicht. Die Winter sind kurz und mild, in Kairo zählt man nur acht Regentage zwischen Dezember und März. An der Mittelmeerküste herrscht dagegen das typisch mediterrane Klima mit Regen im Winter vor, die Temperaturen liegen bei etwa 15°C. In Oberägypten ist es naturgemäß auch im Winter warm, die Quecksilbersäule klettert in Assuan auf zirka 22°C. Bitterkalt kann es hingegen in der Wüste und im Sinai werden, hier fällt das Thermometer auf bis zu 6°C in der Nacht. Kühle Winternächte auch in Kairo – hier liegen die Durchschnittstemperaturen nächtens bei 13°C, tagsüber werden aber häufig 20°C erreicht. Die beste Reisezeit liegt zwischen November und April, dann sind besonders in Oberägypten die Temperaturen für Europäer am erträglichsten. Aber auch die Sommermonate werden von immer mehr Reisenden genutzt: Wer trockene Hitze gut verträgt, dem bieten sich relativ leere Hotels zu teilweise erheblich reduzierten Preisen. Im März/April weht der Chamsin, ein heißer Wüstenwind, an bis zu 50 Tagen, wie schon der Name sagt (arabisch 50 = chamsin). Er überzieht das Land mit dem so typischen Braungelb von Sand und Staub.

Seit alters her teilen die Ägypter ihr Land in Ober- und Unterägypten, zu letzterem gehören die Mittelmeerküste, das Nildelta sowie das Flußtal stromaufwärts bis zum Gebiet der alten Hauptstadt Memphis (heute Sakkara). Hier beginnt Oberägypten, es reicht bis zur sudanesischen Grenze. Rechts und links des Nils erstrecken sich riesige Wüstengebiete, die westliche, an Libyen grenzende Wüste enthält Oasen, die teilweise unter dem Meeresspiegel liegen. Östlich des Nils steigen die Felsen der Arabischen Wüste bis auf 2000 m Höhe an, um dann steil zum Roten Meer hin abzufallen. Die Halbinsel Sinai liegt geogra-

AUFTAKT

phisch bereits in Asien und grenzt an Israel. Ihr nördlicher Teil wird von spärlich bewachsenen, hügeligen Sandwüsten bedeckt, das Gelände steigt weiter nach Süden stetig an und geht in die Felswüste des Hochsinai über, die höchste Erhebung bildet der Jebel Katharina mit 2642 Metern.

Das heiße, trockene Klima prägt die Vegetation. Auf dem Lande beherrschen Palmen, vor allem Dattelpalmenhaine, das Bild. In den Städten zählen neben den Schirmakazien mit ihren leuchtenden roten Blütentrauben im Mai/Juni Eukalyptus-, Mango- und Ficus-Arten zu den beliebtesten Straßenbäumen. Wo Bewässerung möglich ist, gedeiht die ganze Palette der Mittelmeerflora, Hibiskus, Oleander, Bougainvillea, Jasmin, dessen stark duftende Blüten, in Kränzen gefädelt, in den Straßen verkauft werden. Aber auch Tamarisken und Flamboyants werden Ihnen begegnen. Die in alten Zeiten berühmten Lotosblumen zieren nur mehr die Bilder auf Papyrus, und auch diese Pflanze ist so gut wie ausgestorben. Statt dessen säumen Bananen- und Zuckerrohrpflanzungen die Ufer des Nils und seiner Kanäle. Ebenfalls von der Bildfläche verschwunden sind Nilkrokodile und Ibisse, aber Schlangen und Skorpione findet man noch heute. Als Haustiere werden Ziegen, Schafe und Hühner gehalten, Esel und Pferde dienen als Lasttiere, Rinder oder Wasserbüffel werden in der Landwirtschaft als Zugtiere eingesetzt, Kamele dagegen kommen immer seltener zum Einsatz, die Zeit der Karawanen ist vorbei. Dennoch gibt es auch heute noch sehenswerte Kamelmärkte im Dorf Barqash in der Nähe von Kairo sowie im oberägyptischen Darau. Ägyptens Landessprache ist Arabisch, wobei das Hocharabische auf Zeitungen, Fernsehen und Radio sowie offizielle Reden beschränkt bleibt. Ägypter untereinander sprechen quer durch alle Schichten einen arabischen Dialekt. Arabisch ist auch die Sprache des Korans, 93 Prozent der Ägypter bekennen sich zum Islam sunnitischer Richtung. Die koptischen Christen machen etwa sieben Prozent der Bevölkerung aus. Obwohl offiziell völlige Gleichberechtigung zwischen den Konfessionen herrscht, kommt es immer wieder zu Spannungen zwischen Moslems und Christen, wozu der wiedererwachte islamische Fundamentalismus beiträgt. Die »Religiösen« sind auch in Ägypten zu einem Faktor der Politik geworden. Die ungelösten sozialen Fragen bilden einen Nährboden für extremistische Propaganda, und selbst die erst im Juni 1990 zugelassenen »Grünen« Ägyptens sahen sich veranlaßt, ihre Programmatik unter das Motto »Gott, Mensch und Umwelt« zu stellen.

Der Tourist wird damit, trotz der Bombenanschläge, jedoch im allgemeinen wohl kaum in Berührung kommen. Für ausländische Besucher ist Ägypten nach wie vor ein Ferienland mit vielfältigen Möglichkeiten, Urlaub zu machen. Hier wird jedem die Gelegenheit geboten, ganz individuell seine Vorstellung vom Reisen zu verwirklichen.

STICHWORTE

Sitten, Tradition und Gebräuche

Kopten und Islam, Moscheen und Pyramiden: kurz zusammengefaßt

Ägyptische Ostfriesen
Man könnte die *Sa'idi* als die Ostfriesen Ägyptens bezeichnen. Unzählige Witze kursieren über sie: die *Sa'idi*, Oberägypter, die in der Gegend von Minia nilaufwärts bis Luxor zu Hause sind. Folgt man den Anekdoten ihrer Landsleute, sind *Sa'idi* grundsätzlich dumm, stets dickschädelig und absolut hinterwäldlerisch. Nichts bringt eine Runde Ägypter mehr in Stimmung als die Einleitung »Ein *Sa'idi* kommt nach Kairo...«, schon hebt das allgemeine Grinsen an. Was den Wahrheitsgehalt der *Sa'idi*-Witze anbelangt: Auch die Ostfriesen sind nicht so dumm, wie sie gern von den Deutschen gemacht werden.

Alkohol
Ägypten ist ein islamisches Land, und der Prophet hat berauschende Getränke verboten. Dennoch wird natürlich getrunken, aber ein guter Moslem wird seine Umgebung nicht provozieren. Sie sollten es ähnlich halten. In großen Hotels und Restaurants ist Alkohol erhältlich, viele Restaurants mit arabischer Küche servieren indes keinen. In manchen Lokalen wird Alkohol nur drinnen, niemals draußen ausgeschenkt.

Altägyptische Götter
Kunst und Architektur des alten Ägypten sind untrennbar verwoben mit der dahinterstehenden Religion. Über 150 Gottheiten umfaßte die damalige Götterwelt; als erstes entstand der Sonnenkult um den Sonnengott Re, später traten die Götter der Hauptstädte Memphis, Ptah, und Theben, Amun, an die erste Stelle. Der Pharao Echnaton revolutionierte den Götterkosmos, er erhob die Sonnenscheibe Aton zum alleinigen Gott. Berühmt ist die Legende um Osiris, den Gott der Wiedergeburt, der von seinem Bruder Seth getötet und in Stücke zerteilt wurde. Isis, Schwester und Gemahlin des Osiris, sammelte die Teile wieder ein und erweckte

Eine kleine Moschee bei Assuan. Sie spiegelt die Farben der Sonne, der Wüste und des Wassers wider den Leichnam zum Leben. Der Glaube an Wiedergeburt beziehungsweise Auferstehung wurde zu einem Mythos, der sich im ganzen Mittelmeergebiet verbreitete und auch spätere Religionen beeinflußte. Ebenso findet sich die Vorstellung von der Erschaffung der Erde abgewandelt in anderen Mythen wieder: Von einem Urhügel, der sich aus dem Wasser erhob, entstand alles Leben, die Sonne stieg aus ihm empor – ein Bild, das sich bis zum Bau des Assuan-Staudammes alljährlich in der Realität widerspiegelte. Die Pharaonen selbst galten als Inkarnation des Falkengottes Horus, sie lebten nach ihrem leiblichen Tod im Jenseits fort. Schon früh wurden heilige Tiere verehrt: Der Kult um die Apis-Stiere in Memphis belegt dies. Der Skarabäus, ein Käfer, wurde als Amulett getragen und bedeutete ewige Wiederkehr. Auch viele Götter besaßen Tiergestalt oder zumindest Tierköpfe: der ibisgestaltige Thot, die Muttergöttin Hathor, die oft als Kuh auftrat, die Katzengöttin Bastet. Der auf das Jenseits gerichtete Glaube sah den Tod lediglich als Durchgangsstation, die Mumie wurde, vom Totengott Anubis geführt, ins Jenseits geleitet, bestimmte Texte (Totenbücher) gaben die Anleitungen dafür. Schon zu Lebzeiten galt es, für das spätere Weiterleben Vorsorge zu treffen: Grabstätten waren zu errichten und mit allem auszustatten, was das Leben schon im Diesseits angenehm machte.

Arabisch für Anfänger

Hocharabisch ist die offizielle Sprache, im täglichen Umgang bedient man sich jedoch des Dialekts. Für Touristen sind im allgemeinen keine Arabischkenntnisse erforderlich, aber ein paar Worte erleichtern so manche Situation – vor allem im Taxi: Taxifahrer können oft nicht oder nur sehr wenig Englisch.

Bakschisch

Auch wenn Sie kein Wort Arabisch können, eines verstehen Sie bestimmt: »Bakschisch«, Trinkgeld; verlangt wird es für alles und jedes, auch für kleinste Kleinigkeiten, manchmal sogar grundlos. Bakschisch, wörtlich etwa »Teile, was du hast«, blickt auf eine lange Tradition im Orient zurück. Das islamische Gebot des Almosengebens spielt dabei ebenso eine Rolle wie die aus Lebenserfahrung entstandene Gepflogenheit, mit einem Trinkgeld den Alltag zu erleichtern, mit Bakschisch klappt alles wie »geschmiert«, sozusagen. Wenn der Staat seine Beamten nicht höher entlohnen muß, die Staatsdiener auf diese Weise ihr spärliches (!) Gehalt aufbessern und dem Bürger geholfen wird, sind alle zufrieden, nur andernorts nennt man dies Korruption. Grundsätzlich: Geben Sie nie zuviel, für kleine Gefälligkeiten reicht 1 LE völlig aus, auch wenn ein Nachschlag gefordert wird. Geben Sie nichts ohne Grund (Dienstleistung), im Restaurant sollten Sie etwa zehn Prozent des Rechnungsbetrages einkalkulieren. Wenn das Hotel überbucht oder die Plätze im Zugabteil bereits vergeben sind, kann Bakschisch Wunder wirken. Fairerweise muß jedoch konzediert werden, daß manche Angestellte/Beamte einen Bestechungsver-

STICHWORTE

Treten vorwiegend in Nachtklubs auf: Bauchtänzerinnen

such rundweg ablehnen – Fingerspitzengefühl ist geboten.

Bauchtanz
Der Bauchtanz hat eine uralte Tradition im Land am Nil, schon auf pharaonischen Grabmalereien finden sich Tänzerinnen mit den typischen Posen. Ursprünglich wohl ein Tanz für Frauen, der die Geburt erleichtern sollte, entwickelte sich der »östliche Tanz« zur erotischen Kunst und später zum billigen Amüsement. Viele Tänzerinnen arbeiteten auch als Prostituierte. Erst in den fünfziger Jahren, auf Initiative Mahmud Redas, des Leiters der staatlichen Folkloretruppe, wurde der Bauchtanz weniger anstößig. Öffentliche Bauchtanzschulen, wie sie in Europa Mode sind, wären auch heute noch in Ägypten undenkbar. Ägyptens beste Bauchtänzerinnen, Suheir Saki, Fifi Abdou und Nadscha Fuad, treten in den Nachtklubs der großen Hotels auf. Fragen Sie an der Rezeption, und lassen Sie sich unbedingt einen Tisch reservieren. Auch im Familienkreis wird die Kunst, mit dem Bauchnabel eine liegende Acht zu beschreiben, heute gepflegt. Gute Bauchtanzkostüme in Kairo führt: *Haberdashery Shop, 73 Sh. Muski beim Khan El Khalili, Tel. 02/92 74 52.* Auch Maßanfertigungen sind möglich.

Die Brauerei des Pharao
Echnaton, der berühmte Pharao, der die altägyptische Götterwelt revolutionierte, war auch höchst irdischen Genüssen nicht abgeneigt. Seine Brauerei überdauerte die Jahrtausende, im Frühjahr 1990 wurde sie ausgegraben, voll funktionsfähig, mit allen Gerätschaften, die man zum Bierbrauen so braucht.

Auch das Rezept für »henket«, das Bier der alten Ägypter, blieb erhalten. Aus Malz, Getreide und Datteln wurde der Trank gebraut, an dem sich der Pharao, seine Frau Nofretete und der Hofstaat berauschten. Ein Versuch, das Getränk der Vorfahren nachzubrauen, verlief jedoch kläglich. »Das Zeug schmeckte einfach scheußlich«, erinnerte sich einer der beteiligten Archäologen. Keine Chance also für eine Bereicherung der ägyptischen Bierpalette.

Frauen in Ägypten

Religion und Tradition bestimmen auch heute noch das Leben der meisten Ägypterinnen. Zwar gibt es immer mehr Studentinnen und berufstätige Ehefrauen, auch finden sich in zunehmendem Maße Frauen in Wirtschaft, Verwaltung und Politik. In Kairo werden Sie viele Frauen in westlicher Mode sehen, auch Pärchen, die gemeinsam spazierengehen. An den Moralvorstellungen hat sich jedoch nicht so viel geändert. Mädchen müssen immer noch Jungfrau sein, wenn sie heiraten, – kein Wunder, daß Männer da ihr Glück bei Europäerinnen versuchen, die in dem Ruf stehen, daß man sie leicht herumkriegt. Die »Anmache« kann Touristinnen den Urlaub schon erschweren, Sie sollten daher jede Provokation vermeiden. Dazu zählen Miniröcke, enge oder tief ausgeschnittene T-Shirts, Shorts. Sollte ein Mann besonders lästig werden: »emshi!« heißt »hau ab, verschwinde« und wirkt meistens. Schreien Sie ihn so laut an, daß alle Umstehenden es hören. Im Taxi sollte sich eine Frau auf den Rücksitz setzen. Die Wahl des Beifahrersitzes könnte der Taxifahrer als Einladung mißverstehen.

Gesundheit

Neben Erkältungen ist »Pharaos Rache« die häufigste Reisekrankheit. Durch den Luftzug von Klimaanlagen, aber auch durch Temperaturschwankungen ist ein Schnupfen durchaus drin. Gegen Durchfall hilft Vorsicht beim Essen: Meiden Sie rohes Fleisch (Carpaccio, Tatar), essen Sie nur gründlich gewaschenes Obst, auch bei rohen Salaten sollte man aufpassen. Das Leitungswasser ist stark gechlort und kann getrunken werden. Die Zustände auf manchen Toiletten können aber auch das Gegenteil hervorrufen: Verstopfung. Vorsicht auch beim Baden im Nil. Baden Sie, wenn überhaupt, nur in fließendem Gewässer, sonst besteht Bilharziosegefahr. Über die Gefährlichkeit bestimmter Meerestiere informieren die Tauchschulen im Sinai beziehungsweise am Roten Meer. Das beste Mittel gegen Schlangen und Skorpione: feste Schuhe und Lärm machen, damit die Tiere die Flucht ergreifen. Bei Bissen: sofort zum Arzt. Die Apotheken, bis spät in die Nacht geöffnet, verkaufen rezeptfrei jedes Medikament.

Hieroglyphen

Erst Anfang des 19. Jahrhunderts gelang ihre Entschlüsselung, nachdem der französische Ägyptologe François Champollion bei Rosetta einen dreisprachig beschrifteten Stein gefunden hatte. Seit dem sind etwa 700 Zeichen bekannt geworden.

STICHWORTE

Die Bilder stehen entweder für einen Laut oder einen Begriff. Nur Sakraltexte und andere wichtige Schriftstücke wurden in Hieroglyphen geschrieben; für den Alltag benutzen die Ägypter eine wesentlich vereinfachte Schrift. Diese lief von rechts nach links, gelegentlich auch umgekehrt oder von oben nach unten; die Kartuschen, Namen in Hieroglyphenzeichen in einem ovalen Kreis, dienten zur Identifizierung der Pharaonen – heute sind sie ein beliebtes Mitbringsel für Touristen, in Gold und Silber gearbeitet, als Brosche oder Manschettenknöpfe, kann man seinen Namen auf altägyptisch mit nach Hause tragen.

Hunger nicht vergessen

Eingeladen bei Ägyptern? Mish mishkilla, kein Problem, wie man hier sagt. Neben einem kleinen Gastgeschenk (Blumen, Konfekt, kein Alkohol) müssen Sie vor allem eines mitbringen: viel, viel Hunger. Ihr Teller wird erbarmungslos vollgehäuft werden, und wenn Sie ihn leeren, erhalten Sie sofort die nächste Portion. Einzige Möglichkeit, den Sättigungsgrad anzuzeigen: Einen kleinen Rest auf dem Teller lassen und mehrmals glaubhaft, laut und deutlich versichern, daß Sie einfach nicht mehr können. Ägyptische Gastfreundschaft ist unnachgiebig, eine Tradition, die den einzelnen verpflichtet, so viel Essen aufzufahren, daß sich die Tische biegen. Für viele Ägypter ist dies zudem ein finanzielles Problem. Bevor Sie eine Einladung annehmen, sollte sie dreimal wiederholt worden sein. Auch sollten Sie sich vorher Gedanken machen, ob die finanziellen Verhältnisse Ihres Gastgebers eine so üppige Party zulassen, wie es die Tradition nun einmal erfordert.

IBM in Ägypten

Nein, nicht die Computerfirma ist gemeint, wenn Kairoer über die Mentalität ihrer Landsleute lästern. IBM steht für *Inscha allah, bukra* und *maalesh,* auf Deutsch: so Gott will, morgen, was soll's. Gibt es wieder einmal Stromausfall, fließt kein Wasser aus den Hähnen, streiken Auto oder Telefon – maalesh. Bukra, im Sinne von mañana, klappt vielleicht alles wieder, inscha allah, wenn nicht, dann will der liebe Gott eben nicht. Diese Lebensphilosophie herrscht seit Jahrhunderten, wenn nicht Jahrtausenden im Land am Nil, und nur einen unwissenden, stets eiligen Europäer kann sie mitunter zur Weißglut bringen.

Islam

Mehr als neunzig Prozent der Ägypter bekennen sich zum Islam, der in weit stärkerem Maße das tägliche Leben prägt, als es für einen nüchternen Europäer nachvollziehbar wäre. Islam bedeutet Hingabe an Gott, eine Haltung, die für jeden spürbar, der schon morgens um 5 Uhr den ersten Gebetsruf vernimmt oder das konsequente Einhalten des Fastengebotes im Ramadan trotz extremer Temperaturen miterlebt. Der Glaube an Allah, von Muhammad in Visionen empfangen, deren Inhalt sich im Koran wiederfindet, war in der damaligen Beduinengesellschaft etwas Revolutionäres, sowohl in sozialer als auch in religiöser

Gläubige beim Freitagsgebet vor der Hussein-Moschee in Kairo

Hinsicht. Christen- und Judentum galten als Vorläufer mit dem Islam als krönendem Abschluß, beide Religionen – die »Leute des Buches« – werden daher toleriert. Fünf Gebote (Säulen des Islam) gilt es für den Gläubigen zu erfüllen: das Bekenntnis zu Allah und Muhammad, die Almosenpflicht, die Pilgerreise nach Mekka einmal im Leben, die täglichen fünf Gebete, das Fasten im Ramadan. Grundlage islamischer Rechtsprechung ist die Scharia, für ihre Auslegung entstanden vier Rechtsschulen. Schon früh spaltete sich die neue Glaubensrichtung: die Schiat Ali, Partei Alis, erkannte die drei ersten Nachfolger Muhammads nicht an – als Schiiten entwickelten sie später auch eine mehr allegorische Auslegung des Korans – im Gegensatz zu den eher orthodoxen Sunniten, die mit Abstand die Mehrheit unter den Moslems bilden.

Kopten

Knapp vier Millionen oder gut sieben Prozent der Ägypter sind koptische Christen. Der Apostel Markus, der 68 n. Chr. in Alexandria als Märtyrer hingerichtet wurde, brachte das Christentum an den Nil, Alexandria entwickelte sich im Laufe der Zeit zum christlichen Zentrum, Klöster entstanden, auf dem Konzil von Chaldekon löste sich die ägyptische Christenheit von Ostrom aufgrund theologischer Meinungsverschiedenheiten. Fortan wurde sie von ihrem eigenen Patriarchen geführt, zur Zeit ist dies Shenuda III.

Sehenswert ist das koptische Alt-Kairo mit seinen Kirchen innerhalb einer römischen Festungsanlage. Die St.-Markus-Kathedrale im Kairoer Stadtteil Abbassiya birgt die Gebeine des hl. Markus, die vor einiger Zeit von Venedig zurückgegeben wurden. Offiziell genießen die Kopten Gleichberechtigung, dennoch spürt man manchmal eine latente Furcht vor islamischen Eiferern.

Mamlucken

Ursprünglich Militärsklaven, vor allem türkischer, später auch tscherkessischer Herkunft, ergriffen sie 1250 die Macht in Kairo und regierten knapp 300 Jahre lang. Die Mamlucken,

STICHWORTE

arabisch für »in Besitz genommen«, regelten die Machtfrage stets unter sich und rekrutierten ihren Nachwuchs auf den Sklavenmärkten. Ihnen gelang die Abwehr der Mongolen, sie besiegten die Kreuzritter. Innenpolitisch war die Epoche dieser Fremdherrschaft über Ägypten gekennzeichnet durch eine Kette von Gewalt und Ausbeutung der Bevölkerung. Dennoch verdankt Kairo den Mamlucken einige seiner schönsten Bauwerke. Verschiedene Mamlucken-Sultane setzten sich mit prächtigen Grabmausoleen ein bleibendes Denkmal. 1517 wurden sie von den Osmanen militärisch geschlagen, durften aber als osmanische Gouverneure weiterregieren. Erst Muhammad Ali bereitete ihnen ein blutiges Ende: Bei einem Festmahl auf der Kairoer Zitadelle ließ er 1811 die gesamte Führungsschicht der Mamlucken umbringen und regierte hinfort allein.

Moschee

Das Gotteshaus des Islam wird von den Gläubigen fünfmal am Tag besucht, Männer versammeln sich in der großen Gebetshalle, für Frauen gibt es einen Extraraum. Man trifft sich jedoch nicht nur zum Gebet; eine Moschee erfüllt auch soziale und kommunikative Zwecke, oft ist ihr eine Koranschule (Medresse) angegliedert. Darüber hinaus ist eine Moschee immer auch ein Ort der Kontemplation. Oft finden Sie Gläubige, still in einer Ecke, vertieft ins Studium des Korans. Aufgrund des islamischen Bilderverbots entwickelte sich die Kunst, Wände und Decken mit Kacheln, Stuck, Schnitzereien und Koranversen in meisterhafter Kalligraphie zu schmücken. Unverzichtbare Bestandteile einer Moschee sind der Mihrab (Wandnische) in der Qibla-Wand, die nach Mekka weist; dieser dient dem Prediger als Kanzel. Der Innenhof enthält einen Brunnen für die rituellen Waschungen, die meisten Moscheen besitzen mindestens ein Minarett, von dem der Muezzin zum Gebet ruft. Im Baustil variierend, lassen sich drei Grundtypen erkennen, wovon die Hallen-(Liwan)-Moschee sowie die osmanisch inspirierte Kuppelmoschee am interessantesten sind. In Kairo finden Sie Moscheen aller Baustile – von der schlichten, aber gerade deshalb beeindruckenden Ibn-Tulun-Moschee über die wie eine Trutzburg wirkende Hakim-Moschee bis zum türkisch beeinflußten Bau der Alabaster-Moschee auf der Zitadelle. Wer eine Moschee besucht, muß seine Schuhe ausziehen, oft gibt es Überschuhe. Während der Gebetszeiten werden Besucher nur sehr ungern gesehen. Es versteht sich, daß man nicht durch unangemessene Kleidung die Gläubigen provoziert.

Alabaster-Moschee in Kairo

Müllabfuhr auf ägyptisch

In Kairo wachsen die Müllberge in den Himmel, das sieht jeder, der die Straßen der Stadt erkundet. Nicht jeder weiß, wie die Müllabfuhr hier funktioniert: Die »Zabbalin«, die Müllmenschen, sorgen dafür mit ihren Eselskarren. Von Kindern, manchmal auch Erwachsenen gelenkt, durchstreifen sie die Straßen und sammeln den Unrat ein. In der »Müllstadt«, einem riesigen Gelände im Süden von Kairo, wird sortiert. Noch Brauchbares nehmen Händler ab, manches dient als Viehfutter für die Schweine, der Rest wird verbrannt. Die Schweine deuten es an: Die Zabbalin sind Kopten. Ursprünglich stammen sie aus Assiut, in der Riesenstadt am Nil gab es jedoch keine Arbeit für sie, und so leben sie mit und vom Abfall. Daß Eselskarren allein den Abfall von 16 Millionen nicht entsorgen können, leuchtet ein, zumal es nur etwa 2000 davon gibt. Aber auch die Stadtverwaltung mit ihrer teureren städtischen Müllabfuhr hat es bisher nicht vermocht, eine Lösung zu finden – die Müllberge wachsen weiter.

Musik

Für westliche Ohren klingt sie meist recht fremdartig und monoton, die arabische Musik. Nur schwer scheint für uns, an Dur und Moll gewöhnt, die Begeisterung nachvollziehbar, die Araber für diese Musik mit ihren ständigen Wiederholungen empfinden können. Mit einer uralten Musiktradition als Hintergrund, die über das arabische Spanien nach Europa gelangte, beeinflußte die arabische Musik auch die europäische – hören Sie einmal zum Vergleich europäische Weisen aus dem Mittelalter. Der Troubadour hat eine arabische Wurzel – al tarab ist das arabische Wort für Musikgenuß. Arabische Musik enthält wie bei uns Schlager, Volks- und Kunstmusik. Einer der bedeutendsten modernen Komponisten war der Ägypter Sayed Darwish. Die 1975 verstorbene Sängerin Um Kalthum erreichte mit ihren Rundfunksendungen über Radio Kairo die gesamte arabische Welt. Farid Al Atrash, der fast ebenso bekannte drusische Sänger, gleichfalls in Kairo wirkend, fesselte mit melancholischen Liebesliedern die Herzen seiner Zuhörer. Und wenn Sie in Assuan sind, hören Sie doch einmal eine Kassette von Ali Kubban – nubische Volksmusik, eine herrliche Begleitung auf einer Felukenfahrt, während die Nilufer vorübergleiten.

Nubier

Ein uraltes Volk an der Grenze zwischen Schwarzafrika und dem arabischen Norden. Unter den Pharaonen galt Nubien als Goldkammer, war tributpflichtig und mußte Sklaven, aber auch Soldaten stellen. Der nördliche Teil Nubiens wurde dem ägyptischen Staat eingegliedert. Die zur Verwaltung eingesetzten Gouverneure machten sich aber selbständig und begründeten das Königreich von Kusch, das sich im Laufe der Jahrhunderte immer mehr nach Süden orientierte. Die rücksichtslose Ausbeutung des Landes rächte sich: Die Nubier verbanden sich mit den Hyksos gegen die Pharaonen. Erst mit dem Verfall des

Neuen Reiches gewann Nubien seine Unabhängigkeit. In heutiger Zeit findet man die Nubier in der Gegend um Assuan. Der Stausee überflutete ihre traditionellen Siedlungsgebiete, sie wurden bei Kom Ombo neu angesiedelt. Viele gingen jedoch über die Grenze in den Sudan, nach Wadi Halfa. Ansonsten leben sie von und mit den Touristen in Oberägypten, andere suchten ihr Auskommen in Kairo, wo sie häufig als Türsteher (Buab) eine Anstellung in Privathäusern finden.

Politisches System

Die Arabische Republik Ägypten, so der offizielle Name des Landes, verfügt über ein Mehrparteiensystem, ein Zwei-Kammern-Parlament mit einem Präsidenten an der Spitze der Exekutive. Staatspartei ist die von Sadat 1978 begründete Nationaldemokratische Partei mit sozialistischem Anspruch. Sie ist Mitglied in der Sozialistischen Internationale und besitzt die absolute Mehrheit im Parlament. Die Amtszeit des Präsidenten beträgt sechs Jahre, er wird per Referendum gewählt. Die 447 Mitglieder der Volksversammlung werden auf fünf Jahre gewählt, die Shura mit 270 Abgeordneten wurde 1980 zusätzlich eingerichtet. 140 Mitglieder werden gewählt, der Rest vom Präsidenten ernannt. Wichtigste Oppositionsparteien sind die Neue Wafd (bürgerlich), die Sozialistische Arbeiterpartei und die links-nasseristische Tagammu. Liberale gibt es auch und natürlich die Moslembruderschaft, die inzwischen einflußreichste Gruppierung. Wegen des seit 1981 bestehenden Ausnahmezustands boykottierte fast die gesamte Opposition 1990 die Wahlen, 1995 nahm sie teil. Das Ergebnis war dennoch vorhersehbar: ein haushoher Sieg der NDP Hosni Mubaraks, und viele Oppositionelle sprachen denn auch von massiver Wahlfälschung.

Pyramiden

Der hartnäckige, auf Herodot zurückgehende Glaube, Sklaven hätten die Pyramiden des Alten Reiches errichtet, läßt sich heute nicht mehr halten. Es ist vielmehr davon auszugehen, daß während der vierteljährlichen Nilflut, wenn die Felder nicht bestellt werden konnten, der Pyramidenbau Beschäftigung bot. Dennoch war die Errichtung der Monumente nicht nur staatliche Arbeitsbeschaffungsmaßnahme. Im Vordergrund stand die religiöse Motivation: Die Pyramiden dienten als Grab für den Pharao, den Gottkönig. Nach seinem leiblichen Tode lebte er als Gott im Jenseits fort, vermittelnd zwischen Göttern und Menschen. Daneben besaßen die Pyramiden auch Symbolcharakter – sie standen für den Urhügel, aus dem sich alles Leben entwickelte. Innenpolitisch führte der Pyramidenbau zur Herausbildung eines funktionsfähigen Staatsapparats; das Management der staatlichen Großbaustelle erforderte auf Jahre hinaus planende Organisation und Logistik. Diese Mammutaufgabe war ohne eine differenzierte Beamtenschaft nebst entsprechender Bürokratie nicht möglich. Imponierend wirkt noch heute die technische Leistung; die nur mit Hilfe von Ziehschlitten und Rampen herangeschafften, tonnenschweren

Steinquader exakt einzupassen, die Steinlagen zentimetergenau waagerecht aufzuschichten, Statik und Neigungswinkel mit äußerster Präzision zu berechnen und all dies mit primitiven Werkzeugen – die Pyramiden gelten nicht zu Unrecht als eines der Sieben Weltwunder. 97 Pyramiden sind bis jetzt in Ägypten bekannt, die letzte wurde erst 1995 ausgegraben. Die älteste ist die Stufenpyramide von Sakkara. Ihre architektonischen Vorläufer waren Mastaba (Bankgrab) und Stufenmastaba. Ihr Architekt Imhotep, Baumeister und Heilkundiger, Gelehrter und Priester, genoß später göttliche Verehrung. Im Laufe von nur zwei Jahrhunderten entwickelte sich aus der Stufenform die eigentliche, klassische Pyramide mit glatten Seiten und durchgehendem Neigungswinkel bis zur Spitze, den Höhepunkt und Abschluß dieser Entwicklung bilden die Pyramiden von Gizeh.

Ramadan

Im heiligen Monat Ramadan das vorgeschriebene Fasten einzuhalten ist für jeden gläubigen Moslem Pflicht. Von Sonnenaufgang bis Sonnenuntergang darf nichts gegessen oder getrunken werden, Sex ist untersagt, Rauchen ebenso. Die Abendmahlzeit, das Iftar, fällt dann um so reichhaltiger aus, und böse Zungen lästern, daß nie soviel gegessen wird wie gerade im Ramadan. Respektieren Sie die religiösen Sitten, provozieren Sie nicht durch Essen und Trinken in der Öffentlichkeit (tagsüber). Die Restaurants servieren während des Ramadan ausschließlich drinnen, erst abends darf man auch draußen sitzen. Das öffentliche Leben verläuft schleppend, Geschäfte schließen so zwischen 15 und 17 Uhr. Vom frühen Nachmittag bis zum Abend wirkt die Millionenstadt Kairo wie ausgestorben. Dafür wird abends alles nachgeholt, der Ramadan ist die Zeit der Familienfeste, der Feiern bis tief in die Nacht hinein. Spätabends können Sie vor der Saidna-Hussein-Moschee von Kairo ein buntes Treiben erleben und die ägyptische Fröhlichkeit hautnah genießen. Nach dreißig Tagen endet der Fastenmonat mit dem dreitägigen Id al Fitr, dem Fest des Fastenbrechens, auch kleiner Bayram genannt. An diesen Tagen bleiben öffentliche Gebäude, Banken und Botschaften geschlossen. 1997/98 fällt der Ramadan in die Zeit vom 29.12.97 bis 28.1.98. 1998/99 wird er voraussichtlich am 18.12.98 beginnen und bis zum 18.1.99 dauern.

Rauschgift

Gelegentlich kann es vorkommen, daß man Ihnen Haschisch, Heroin oder Kokain anbietet – lassen Sie die Finger davon. Obwohl offiziell verboten, ist Haschisch weit verbreitet. Man sollte sich nicht damit erwischen lassen, denn auf Besitz, mehr noch auf Handel mit Rauschmitteln stehen hohe Strafen. Vorsicht ist auch geboten bei Päckchen und Geschenken, die Ägypter ihren lieben Verwandten im Ausland zukommen lassen wollen. *Schauen Sie sich den Inhalt eines Päckchens genau an*, bevor Sie es mit durch den Zoll nehmen – im Zweifelsfalle lieber nicht – sonst wandern Sie womöglich ins Gefängnis.

STICHWORTE

Reislamisierung
Mit der schiitischen Revolution im Iran begann in den arabischen Ländern eine neue Welle der Rückbesinnung auf die traditionellen Werte des Islam. Auch sunnitische Scheichs und Prediger begannen, für die Abkehr vom Westen mit seinem Materialismus, aber auch vom Sozialismus östlicher Prägung zu werben – letzterer war wegen der atheistischen Grundhaltung besonders verpönt. Da sowohl Nassers Sozialismus als auch Sadats kapitalistische Infitah-(Öffnungs)-Politik am Elend breiter Bevölkerungsschichten nichts geändert hatten, entstand ein Nährboden für extremistische Parolen. Spektakuläre Einzelaktionen wie Sadats Ermordung, aber auch die jüngsten Bombenanschläge blieben Ausnahmen, die auch die Mehrheit der Ägypter verurteilt. Für die Sicherheit der Touristen insbesondere wird denn auch das Menschenmögliche getan. Indes kann die Regierung die Religiösen nicht ignorieren, diverse Gesetze der letzten Jahre wären ohne den fundamentalistischen Einfluß so wohl nicht zustande gekommen.

Verkehrsmittel
Die billigste Art der Fortbewegung sind Busse, für Touristen empfehlen sich jedoch meist Taxis, da sie wesentlich bequemer sind. Sammeltaxis sollten Sie nur im Notfall benutzen – die Fahrer verursachen häufig Unfälle. Ein Taxi zu bekommen ist nicht schwierig in Ägypten, aber einige Regeln sollte man schon kennen, um nicht völlig über den Tisch gezogen zu werden: Stellen Sie sich an den Straßenrand, heben Sie den rechten Arm, und rufen Sie dem Fahrer Ihr Ziel zu – möglichst auf arabisch. Hält er an, dann steigen Sie ein, ohne Diskussionen über Preise. Wenn Sie anfangen zu diskutieren, haben Sie schon verloren. Am Ziel angekommen, steigen Sie aus und reichen dem Fahrer das Geld wortlos durch das Autofenster, dann gehen Sie kommentarlos weiter, auch wenn er anfängt zu zetern.

Übliche Preise in Kairo: Zwischen 5 und 10 LE in der Innenstadt, zu den Pyramiden 15–20 LE von der Innenstadt aus.

Wirtschaft
Das Entwicklungsland Ägypten vermochte weder mit Sozialismus unter Nasser noch mit kapitalistischen Mitteln seine Probleme in den Griff zu bekommen, zu groß ist das jährliche Bevölkerungswachstum. Jeder noch so kleine Erfolg wird so schnell wieder Makulatur. Da auch die Exporterlöse bei weitem nicht reichen, wurde das Land zum zweitgrößten Empfänger US-amerikanischer Wirtschaftshilfe nach Israel. Weder die Einnahmen aus dem Suezkanal oder dem Tourismus noch die Überweisungen der ägyptischen Gastarbeiter aus dem Ausland decken den enormen Devisenbedarf. Schwierig gestalten sich auch die Verhandlungen mit dem Internationalen Währungsfonds: Allzuleicht führen die zwar marktwirtschaftlich sinnvollen Forderungen nach Subventionsabbau zu einer politisch instabilen Situation – ein Ausweg aus dem Dilemma ist bisher nicht in Sicht.

ESSEN & TRINKEN

Fladenbrot zu allen Tageszeiten

In Restaurants bekommen Sie die ganze Palette orientalischer Vorspeisen in vielen Schälchen auf den Tisch

Essen

Aish heißt Leben, und Aish nennen die Ägypter ihr Fladenbrot, für viele die einzig erschwingliche Mahlzeit am Tage. Welch zentrale Bedeutung die Brotfladen für die breite Masse der Bevölkerung haben, mußte auch Sadat erfahren, als er den staatlich subventionierten Preis von 1 Piaster per Dekret verdoppelte. Am 18. Januar 1977 gab es einen Volksaufstand, und die Preiserhöhung wurde wieder zurückgenommen.

Aish ist eine Beilage in vielen Restaurants. Besonders gesund: *Aish baladi* aus dunklerem, gröberem Mehl, das, wie übrigens auch Reis und Zucker, nur auf Bezugsschein in staatlichen Läden erhältlich ist. Die Fladen selbst werden an jeder Straßenecke verkauft. Ägyptens Nationalgericht heißt *Foul*; das sind dicke braune Bohnen, mit Zitrone gewürzt. Oft werden sie schon zum Frühstück gegessen. *Foul*

Wenn Sie auf dem Basar einkaufen wollen, sollten Sie Freude am Handeln haben

gibt es in allen Variationen – mit Gemüse oder Salaten, in Fladenbrot »verpackt«, in Garküchen und einfachen Restaurants. Dort finden Sie auch *Taamiya*, mit Salat und *Felafel* (Buletten aus pürierten Bohnen) gefüllte Brotfladen – ein wohlschmeckender Imbiß für zwischendurch, beim Basarbummel etwa. Hierzu gehört auch *Fetir*, Filoteig (ähnlich wie Blätterteig) mit herzhafter oder süßer Füllung. Im Restaurant entdecken Sie die ganze Palette orientalischer Vorspeisen, die *Mezze*, kalte, kleine Gerichte, die in vielen Schälchen auf den Tisch kommen. Um nur einige zu nennen: *Tabbouleh*, ein Salat aus Petersilie und Weizengrieß, säuerlich angemacht und sehr erfrischend; *Baba Ghannoush*, ein Auberginenpüree mit viel Knoblauch; *Labna*, ähnlich wie Tzaziki, jedoch mit viel frischer Minze gewürzt; *Kibbeh*, fritierte Bällchen aus Lammhack und Weizengrieß; *Basterma*, geräuchertes Dörrfleisch; *Sambousek*, Teigtäschchen mit Gemüsefüllung; *Hummus bi Tahina*, Kichererbsenpüree mit Sesampaste; *wara aanab*, gefüllte Weinblätter,

Die Marco Polo Bitte

Marco Polo war der erste Weltreisende. Er reiste in friedlicher Absicht, verband Ost und West. Er wollte die Welt entdecken, fremde Kulturen kennenlernen, nicht zerstören. Könnte er für uns Reisende des 20. Jahrhunderts nicht Vorbild sein? Aufgeschlossen und friedlich sollte unsere Haltung auf Reisen sein. Dazu gehören auch Respekt vor Mensch und Tier und die Bewahrung der Umwelt.

WWF

oder *Betingan*, eingelegte Auberginenscheiben. Während die vorgenannten Speisen so oder ähnlich überall in der Levante zubereitet werden, handelt es sich bei *Moulouhiya*, einer Spinatsuppe, um ein typisch ägyptisches Gericht, das ebenfalls zu den Vorspeisen zählt. *Kushari*, auch traditionell ägyptisch, besteht aus Reis, Linsen und Nudeln; mit einem Klecks Tomatensauce obenauf, wird es in Garküchen angeboten, aber auch in einfachen Restaurants. Als Hauptgang folgt entweder *Hamam* (Täubchen), gefüllt mit grünen Weizenkörnern oder Reis, oder das inzwischen auch hierzulande bekannte *Shish kebab, Kufta*, Hammelhack zu Röllchen geformt und gegrillt, begleitet vielleicht von einem *Pilaw*, Reis mit Gemüsen und/oder Nüssen. Das türkische Döner Kebab heißt *Shawarma* und ist auch hier sehr beliebt, genauso wie die griechische Mussaka, hier *Mussa'a* geheißen. Daneben gibt es Hähnchen *(Farah)* und Fisch *(Samak)* in vielen Variationen. An der Küste, vor allem in Alexandria, sollten Sie *Gambari*, Riesengarnelen in Knoblauchsauce, probieren.

Wer nach alldem noch nicht satt ist, versucht anschließend die Desserts, überaus süß und kalorienreich. Dazu zählen *Um Ali*, Milchreis mit Sahne und Nüssen überbacken, *Aish es Serail*, das sind in Zuckersirup eingeweichte Honigfladen mit Sahne, und natürlich die bekannte *Baklava*, Filoteig (eine Art Blätterteig) mit Nußfüllung, gelegentlich mit Honigsauce und Orangenblütenwasser aromatisiert. Bei *Kunafa* handelt es sich ebenfalls um ein Konfekt: Fadennudeln werden mit Zukker, Honig und Nüssen überbacken und in Würfel oder Rauten geschnitten serviert.

Trinken

Zum Essen wird traditionellerweise Wasser getrunken, hinterher gibt es Tee, entweder schwarz *(shai)* oder mit Pfefferminzblättern *(shai nana)*. Es darf aber auch ein *ahwa turkiya* (türkischer Kaffee) sein, der in kleinen Täßchen auf den Tisch kommt. Bestellen Sie ihn *masbout*, dann ist er weder zu stark noch zu schwach gesüßt. Eine Spezialität Oberägyptens ist der *Karkadeh*, ein Tee aus Hibiskusblüten. Obstsäfte werden aus allen möglichen Früchten hergestellt, Mango-, Guaven-, Bananen-, Orangen- oder Zitronensaft sind überall in guter Qualität erhältlich, genauso wie *Tamarhindi*, ein Aufgußgetränk aus dem getrockneten Fruchtfleisch der Tamarinde, oder *assir kassab*, Zuckerrohrsaft. Dieser wird, wie

ESSEN & TRINKEN

auch *Irssous*, Lakritzwasser, auf den Straßen verkauft. Der Händler trägt einen großen Behälter vor sich, die Gläser führt er in einem kleinen Gefäß um seinen Leib herumgebunden mit sich.

Alkoholische Getränke sind in den großen Hotels und in guten Restaurants erhältlich, wobei Sie für importierte Spirituosen wesentlich mehr bezahlen müssen. *Stella Local*, das einheimische Bier, kommt in großen Flaschen auf den Tisch, *Stella Export*, etwas süßlicher, wird in kleinen Flaschen serviert. Ägyptische Weine schwanken zuweilen in der Qualität. Die bekanntesten sind *Rubis d'Egypte* (rosé), *Omar Khayyam* (rot), *Cru des Ptolemées* und *Gianaclis*, beides Weißweine. *Arak*, der Anisschnaps, heißt in Ägypten *Zibab*. Er wird, mit Wasser verdünnt, zu *Mezze* getrunken. Volkstümlicher Abschluß des Essens ist der Genuß der Wasserpfeife, die hierzulande *Shisha* genannt wird.

Ägyptische Spezialität: Variationen orientalischer Vorspeisen fein abgeschmeckt mit frischen Gewürzen vom Markt

EINKAUFEN & SOUVENIRS

Gold, Silber, Kupfer und Messing

*Auf den Basaren
dreht sich der Handel um viel Schillerndes,
Leder und Gewürze*

Entschließen Sie sich zu einem Basarbummel, dann wird Einkaufen zum Erlebnis. Denn Sie tauchen ein in den Orient, in die immer noch ein bißchen an Tausendundeine Nacht erinnernde Welt, in der sich trotz mancher Modernismen der mittelalterliche Kern einer islamischen Stadt erhalten hat. Basar und Moschee waren das Zentrum für Politik, Handel und Wandel in den Städten des Orients. Eine Ahnung davon verspürt auch heute noch jeder, der sich treiben läßt in den engen, verwinkelten Gäßchen, die manchmal ein wenig schummrig sind, aber immer quirlig, laut, voller Gerüche, voller Leben, wo sich Laden an Laden reiht, dazwischen eine Moschee, ein Teehaus, eine Garküche und natürlich die Werkstätten, wo Sie den Handwerkern bei der Arbeit zusehen können. Schlendern Sie durch die Souks (Marktstraßen) der Goldschmiede, der Silber- und Kupferhändler, durch die Gassen der Stoffkaufleute und erschnuppern Sie sich den Gewürzbasar oder die Gasse der Parfümhersteller mit ihren exotischen Düften. Die ursprüngliche Gliederung eines Basars nach Warenangebot ist inzwischen aufgeweicht, auch hier hat der Massentourismus seine unübersehbaren Spuren hinterlassen. Oft ist das Angebot schon reichlich touristisch, besonders gilt dies für den *Khan El Khalili*, Ägyptens größten Basar im Herzen des islamischen Kairos. Hier gibt es sogar schon eine Art »Abteilung« für teurere, auf den Geschmack westlicher Touristen ausgerichtete Souvenirs – und jede Menge Ramsch. Dennoch: Sie finden immer noch das ein oder andere wertvollere Stück, und auch die Einheimischen kaufen hier nach wie vor.

Was immer Sie auch kaufen – Handeln ist das A und O im Basar, und je besser Sie handeln können, desto mehr wird man Sie respektieren. Eine Grundregel: Warten Sie, bis der Händler Ihnen seinen Preis genannt hat, bieten Sie höchstens die Hälfte, irgendwo in der Mitte werden Sie sich einigen. Und vergleichen

Souvenirs auf dem Basar

Goha und sein Nagel

Ägyptische Höflichkeit verbietet es, direkt und deutlich zu sagen, was man vom anderen denkt. Wenn jemand Sie den »Nagel von Goha« nennt, können Sie davon ausgehen, daß er Sie für eine Nervensäge hält. Goha, eine volkstümliche Figur, Till Eulenspiegel vergleichbar, ist für unzählige Geschichten gut, eine davon geht so: Goha brauchte eines Tages Geld und vermietete sein Zimmer, einzige Bedingung: Ein Nagel an der Wand sollte ihm auch weiterhin zur Nutzung bleiben. Der Mieter bezog nichtsahnend das Zimmer, und Goha kam alle 5 Minuten herein, um Hemd, Hose und sonstiges an dem Nagel auf- und abzuhängen, rein und raus, raus und rein ... Ob der Mieter entnervt die Flucht ergriff, ist nicht überliefert.

Sie die Preise, bevor Sie »zuschlagen«, ein Basar war und ist immer auch ein Ort des Wettbewerbs der Händler untereinander – Marktwirtschaft im wahrsten Sinne des Wortes. Wenn Sie die Gelegenheit haben, nehmen Sie einen Ägypter mit, Ausländer werden generell als sehr wohlhabend eingeschätzt, und man nennt Ihnen häufig weit höhere Ausgangspreise als den Einheimischen. Achtung: Bei kleinen Preisen, so zwischen 4 und 10 LE, sollten Sie das Feilschen unterlassen, es sei denn, Sie kaufen gleich mehrere Artikel auf einmal, da ist ein Rabatt schon möglich. Außerhalb des Basars und in allen Geschäften mit Waren, deren Preise ausgezeichnet sind, können Sie nichts herunterhandeln, ein Versuch gilt als unhöflich und unüblich.

Beliebte Souvenirs sind Kupfer- und Messingarbeiten, oft fein ziseliert und/oder durchbrochen. Der traditionell hohe Standard ägyptischer Handwerker hat sich bis heute erhalten. Gerade was große Tabletts aus Kupfer angeht, findet sich immer wieder noch ein altes, wertvolles Exemplar, erkennbar an den ganz einfachen, schlichten Mustern – neuere Teller sind mit Mustern geradezu überladen. Ein Tip: Lassen Sie sich an Ort und Stelle ein Tischgestell dazu machen aus *Mashrabiya*, den berühmten ägyptischen Holzgittern, in Handarbeit feingeschnitzt, zierten sie früher sogar Hausfassaden und Fensteröffnungen. Begehrt sind Silberarmreifen, die heute nach alten Vorlagen gefertigt werden – wirklich alt im Sinne von antik sind die wenigsten. Für Silber-, aber auch Goldschmuck gilt: Der Preis richtet sich nach Gewicht und Tageskurs, die »Handelsspanne« ist hier nicht so groß wie bei anderen Waren.

Lederartikel sind ebenfalls sehr gefragt, die Qualität schwankt jedoch, die besseren Läden sind auch hier nicht billig, aber preiswert. Auch Gewürze bieten sich als Souvenir an, Safran und Kardamom sind hier viel billiger und besser als im heimischen Supermarkt. Gegenstände aus Alabaster kosten in Luxor meist weniger als in Kairo,

EINKAUFEN & SOUVENIRS

da sie dort hergestellt werden. Bei den Papyri, den nach alter Art hergestellten, handgemalten Bildern auf Papyrus, die die Grenze zum Kitsch oft überschreiten, lohnt sich ein Preisvergleich ganz besonders, in Ihrem Hotelshop sind sie mit Sicherheit zu teuer. Echte Antiquitäten aus pharaonischer Zeit kommen sehr selten in den Handel und nur zu horrenden Preisen. Für ihre Ausfuhr ist eine Genehmigung erforderlich, die der Verkäufer besorgen muß. Auch muß er selbst über eine Lizenz für den Verkauf von Altertümern verfügen, lassen Sie sich diese zeigen, bevor Sie etwas kaufen. Bei den »garantiert echten« antiken Götterfiguren, die findige Händler und kleine Straßenjungs Ihnen an den einschlägigen Plätzen, vor Gräbern und Tempeln, offerieren, handelt es sich ausnahmslos um Repliken, mal mehr, mal weniger gelungen – die Grabräuber und später die Museumskonservatoren haben nicht allzuviel von den Originalen übriggelassen.

Freitags, mehr noch sonntags schließen viele Ladenbesitzer, und auch während öffentlicher oder religiöser Feste bleibt manche Tür in den Souks verschlossen. Dies gilt auch für »normale« Geschäfte außerhalb des Basars. Geschäftszeiten ansonsten: Um 9 Uhr, im Basar aber geht es erst gegen 10 Uhr morgens los, zugemacht wird zwischen 19 und 20 Uhr abends, die Basaris harren aber auch oft noch länger aus. Auch Apotheken und manche Supermärkte sind noch nach 21 Uhr abends geöffnet.

Wer vor allem Basaratmosphäre schnuppern will, sollte nach Einbruch der Dunkelheit gehen, vor allem in den langen Nächten des Ramadan bieten sich hier abseits vom Touristenrummel einmalige Szenen.

Hier entsteht eine Alabastervase, wie Sie sie auf jedem Basar kaufen können

ÄGYPTEN-KALENDER

1001 Nacht

*Prozessionen im Stil
der Pharaonen und Volksfeststimmung rund
um die Moscheen*

OFFIZIELLE STAATLICHE FEIERTAGE

1. Januar und 2. Februar *Gewerkschaftstag*
25. April *Befreiung des Sinai*
1. Mai *Tag der Arbeit*
18. Juni *Abzug der britischen Truppen*
23. Juli *Jahrestag der Revolution von 1952*
6. Oktober *Überquerung des Suez-Kanals, Beginn des Oktoberkriegs 1973*
24. Oktober und 23. Dezember *Siegestag*

RELIGIÖSE FESTE

29. 1.–31. 1. 98, *Id al Fitr*, 3 Festtage zum Abschluß des Fastenmonats Ramadan.
7. 4. 98, *Id al Adha*, das Opferfest.

Kamelreiter beten überall

28. 4. 98, *das islamische Neujahrsfest*

Daneben gibt es die sogenannten *Mulids*, hier werden verschiedene Lokalheilige geehrt: Besonders berühmt ist das ★ *Mulid von Abul Haggag,* das in Luxor am 14. Shabaan, 11. 12. 97 (30. 11. 98) stattfindet. Dabei wird bei einer Festprozession ein Boot durch die Straßen getragen – ganz wie zu Zeiten der Pharaonen beim Fest der Göttin Opet. Es herrscht Volksfeststimmung, der Platz vor den Moscheen ist festlich geschmückt.

Zum ★ *Mulid an Nabi* (der Geburtstag des Propheten) am 12. Rabi'Al Awal, 1997: 19. 7. (1998: 7. 7.), wird spezielles Naschwerk hergestellt; beim *Mulid Hussein* (am 29. 8. 97 und am 17. 8. 98) herrscht großer Trubel und Festlichkeit rings um die Kairoer Moscheen Saidna Hussein und Sayida Zeinab, gekrönt von Festumzug und Derwischtänzen.

MARCO POLO TIPS FÜR FESTE

1 Mulid Abul Haggag
Die Festprozession in Luxor versetzt in die Zeit der Pharaonen (Seite 33)

2 Mulid an Nabi
Der »Geburtstag des Propheten« wird rauschend gefeiert (Seite 33)

KAIRO

Um al dunya – Mutter der Welt

So nennen die Ägypter ihr Land und auch ihre Hauptstadt. Hier treffen arabische Tradition und westliche Moderne aufeinander

Kairo, das ist die Stadt, die in einzigartiger Weise die Geschichte mehrerer Jahrtausende erlebbar werden läßt. Westlich des Nils liegen die Pyramiden aus pharaonischer Zeit, das koptische Alt-Kairo auf der Ostseite

Die Ibn-Tulun-Moschee, von 876 bis 879 erbaut, besticht durch ihre Schlichtheit und die Ausgewogenheit der Proportionen

des Flusses, umschlossen von der einstigen römischen Festung Babylon, enthält einige der frühesten christlichen Kirchen. Fatimiden-Kalifen und Mamlucken-Sultane hinterließen eine faszinierende mittelalterliche Stadt, gekrönt von der Zitadelle Salah-Ed-Dins aus dem 12. Jahrhundert, von den Europäern Saladin genannt.

Kairo – das ist auch das Herz der arabischen Welt, hier kon-

Hotel- und Restaurantpreise

Hotels
Kategorie 1: über 100 Mark
Kategorie 2: 30–100 Mark
Kategorie 3: bis 30 Mark
Die Preise gelten für eine Person im Doppelzimmer mit Frühstück.

Restaurants
Kategorie 1: über 30 Mark
Kategorie 2: 15–30 Mark
Kategorie 3: unter 15 Mark
Die Preise gelten für ein Essen mit Vor-, Haupt- und Nachspeise inklusive Alkohol, soweit alkoholische Getränke serviert werden.

Alle hier empfohlenen Hotels/Restaurants/Cafés können auch von alleinreisenden Frauen besucht werden.

Wichtige Abkürzungen

Sh. Sharia (Straße)
Md. Midan (Platz)

zentrieren sich Politik und Kultur des heutigen Arabien.

Wer Kairo wirklich kennenlernen will, braucht Wochen, besser noch Monate. 16 Millionen Einwohner zählt die Riesenmetropole am Nil inzwischen. Sie ist nicht nur die größte Stadt Ägyptens, sondern ganz Afrikas, erfüllt von pulsierendem Leben, laut und hektisch, stickig und staubig, nervenaufreibend und voller Kontraste. Der stets chaotische Verkehr – für Neuankömmlinge ein Alptraum – hat sich in den letzten Jahren schon erheblich verbessert. Doch noch immer wälzen sich die Automassen unter ständigem Gehupe durch die ewig verstopften Straßen, auf den Trittbrettern der Busse hängen die Menschen in Trauben. Mitten im Gewühl Esels- und Pferdekarren, beladen mit Obst, Gemüse oder auch Müll, kleine Straßenjungs, die Zeitungen verkaufen, fliegende Händler mit lautem Geschrei, mutige Fußgänger, die springend und rennend jede Lücke zwischen den Fahrzeugen nutzen, um auf die andere Straßenseite zu gelangen. Auch Schaf- und Ziegenherden werden durch die Stadt getrieben. Luxushotels neben Elendsvierteln, teure Boutiquen mit westlicher Mode neben jahrhundertealten Souks, von

MARCO POLO TIPS FÜR KAIRO

1 Pyramiden von Gizeh
Wer sie nicht gesehen hat, war nicht in Ägypten
(Seite 38)

2 Ägyptisches Museum
Ein Muß für jeden, der sich für altägyptische Kunst, Götter und Geschichte interessiert (Seite 42)

3 Islamische Altstadt
Alabaster-Moschee, Al Azhar, Hakim-Moschee, Sultan-Hassan-Moschee, Stadttore, Zitadelle. Vielfältige Bausubstanz aus dem Mittelalter, unverfälschter Orient
(Seite 39, 40, 42)

4 Koptisches Museum und Koptisches Viertel
In der alten Festung Babylon Zeugnisse jahrhundertealter christlicher Kultur
(Seite 37, 43)

5 Islamisches Museum
Eine einzigartige Sammlung islamischer Kunst aller Epochen und Stilrichtungen
(Seite 42)

6 Ibn-Tulun-Moschee und Gayer-Anderson-Museum
Kairos zweitälteste Moschee, direkt daneben ein Museum arabischer Wohnkultur
(Seite 41, 42)

7 Kamelmarkt von Imbaba
Jeden Freitagmorgen buntes Treiben, gute Fotomotive
(Seite 47)

8 Sakkara
Ein Ausflug zur berühmten Stufenpyramide (Seite 46)

9 Oase Al Fayum
Eine Tagestour zur größten Oase Ägyptens, sehenswert: die alten Wasserräder
(Seite 46)

KAIRO

der modernen geschäftigen City sind es nur ein paar Kilometer bis zur ehrwürdigen Al Azhar, der ältesten islamischen Universität im Herzen des mittelalterlichen Stadtkerns. Über allem eine Wolke aus Abgasschwaden und Staub, gemischt mit den Düften des Orients, je näher man der islamischen Altstadt kommt, und fünfmal am Tag der Ruf des Muezzins »Allahu akbar« – »Gott ist größer« (**D 2**).

BESICHTIGUNGEN

Cairo-Tower (**B 9**)
🔆 Einen schönen Rundblick bis hin zu den Pyramiden, den Nil-Barrages und der Zitadelle genießt man vom Cairo-Tower *auf der Nilinsel Gezira*. In den sechziger Jahren als stilisierter Lotosblumenstiel erbaut, verfügt der Turm über ein drehbares Restaurant, Café und Aussichtsplattform. *Eintritt 12 LE*

Koptisches Viertel (**O**)
★ Hier stehen Sie auf einem der ältesten Teile Kairos – die griechisch-persisch-römische Festung bildet den Rahmen für ein Viertel, das seit alters her von Kopten als Zentrum dient. Neben den noch bewohnten Klöstern St. Mercurius und St. Georg (Girgis) lohnen die Kirchen, aber auch das Museum einen Besuch. Besichtigen Sie *El Muallaqa*, die »hängende« Kirche, die in die Festungsmauern integriert wurde, *Sitt Barbara*, mit den Reliquien der Heiligen. Westlich davon liegt *St. Sergius* (Abu Serga), Kairos älteste Kirche aus fatimidischer Zeit, auf den Ruinen einer noch älteren Kirche errichtet. Unweit von El Muallaqa steht die *Ben-Ezra-Synagoge*, einst eine koptische Kirche, die im 12. Jh. an die jüdische Gemeinde verkauft wurde. Berühmtheit erlangte sie durch die Ende des 19. Jhs. hier gefundenen Manuskripte aus der Frühzeit des ägyptischen Judentums. Mehrere Wege führen zum koptischen Viertel: *die Metro vom Midan Tahrir Richtung Heluan bis zur Haltestelle Mari Girgis, ein Taxi, Fahrtziel »Misr al qadimah«, oder ein »Nilbus«, eine Fähre, die an der Corniche kurz vor dem Fernsehgebäude ablegt – Haltestelle Mari Girgis.*

Manyal-Palast (**B 11**)
Im Norden der Nilinsel El-Roda liegt der Manyal-Palast, dessen Gelände zum großen Teil der Club Méditerranée übernommen hat. Ein Teil des Palastes kann besichtigt werden, Muhammad Ali ließ ihn im 19. Jh. errichten. Hier befindet sich auch ein Jagdmuseum. *Öffnungszeiten: tgl. 9–16 Uhr, Fr 12–14 Uhr Gebetspause*

Muqattam-Hügel (**F 11–12**)
🔆 Im Osten der Stadt; hier liegen Ihnen die Zitadelle und das islamische Kairo mit einem Wald von Minaretten zu Füßen – besonders schöner Aussichtspunkt in der Dämmerung.

Nilometer (**O**)
An der Südspitze der Nilinsel El-Roda liegt ihre Attraktion: das Nilometer, erbaut 861 für den von der Flut zerstörten Vorgänger. Anzunehmen ist, daß hier bereits in pharaonischer Zeit eine derartige Einrichtung zur Bestimmung des Nilhochwassers existierte. Bis zum Bau des Assuan-Staudammes konnte hier

jedes Jahr die Höhe der zu erwartenden Nilüberschwemmung abgelesen werden.

Pyramiden von Gizeh (**O**)

★ Die am besten erhaltenen Pyramiden Ägyptens, erbaut 2700 bis 2560 v. Chr., besichtigt man am besten ganz früh morgens oder am späteren Nachmittag, sonst herrscht hier ein zuweilen fast unerträglicher Rummel. Gleich bei Ihrer Ankunft werden Sie von Bakschisch-Jägern überfallen, wimmeln Sie sie ab, es sei denn, Sie verspüren den Drang, auf einem Kamelrücken das Gebiet zu erkunden. Als erstes sehen Sie nun die *Cheops-Pyramide*, das älteste und größte der Monumente. Zur Grabkammer führt ein Treppenaufgang. Sie gehen einen schmalen, niedrigen Gang hinauf, er führt in die große Halle mit Wänden aus poliertem Kalkstein. Es folgt ein Vorraum, an den sich die Grabkammer anschließt. Beeindruckend ist die Präzision, mit der die gewaltigen Baumassen aufeinandergetürmt wurden, ohne größere Fugen zwischen den tonnenschweren Steinblöcken. Auch wenn es Sie reizen mag: Das Erklettern der Pyramide ist verboten, viele sind schon von den rutschigen, meterhohen Steinstufen abgestürzt. Daneben steht das *Museum für die Sonnenbarke, (Eintritt: 10 LE)*. Erst 1954 entdeckte man mehrere Boote dieser Art unmittelbar neben der Pyramide, in mehr als 1000 Einzelteile zerlegt. An der *Chephren-Pyramide* läßt sich noch gut das ehemalige Äußere der Pyramiden erkennen: Die Verkleidung aus glatten Kalksteinplatten ist noch teilweise erhalten, die unteren Schichten sowie die Ecken waren mit roséfarbenem Rosengranit bedeckt. Der Pyramide vorgelagert steht der Totentempel des Chephren, seine Diorit-Statue ziert heute das Ägyptische Museum. Auch Chephrens Pyramide kann betreten werden, sie enthält zwei Grabkammern mit einem leeren Sarkophag. Die *Mykerinos-Pyramide*, der jüngste und kleinste der drei Großbauten, wurde 1215 stark beschädigt. Die drei kleinen Pyramiden südlich davon, Anfang 1993 wurde eine vierte gefunden, dienten wohl Mitgliedern der königlichen Familie als Grabstätte. Wenn Sie wieder in Richtung Stadt zurückgehen, liegt linker Hand die *Sphinx*, die weltberühmte Figur mit Menschenkopf und dem Körper eines Löwen. Teilweise aus gewachsenem Fels modelliert, teilweise mit Stein ergänzt und verkleidet, verkörperte die Sphinx wohl eine Gottheit, der Kopf soll die Züge des Chephren tragen, die genaue Funktion der Figur ist jedoch bis heute nicht bekannt. Ihr arabischer Name lautet Abu Al

Weltberühmt: die drei Pyramiden von Gizeh

KAIRO

Hul – Vater des Schreckens, auch eine Deutung dieser mythischen Gestalt. In jüngster Zeit bemüht sich die ägyptische Altertümerverwaltung um eine Rettung dieses einmaligen Monuments, dem schädliche Umwelteinflüsse und die Touristenmassen schwer zugesetzt haben. *Am besten fahren Sie mit dem Taxi hin. Es sollte nicht mehr als 20 LE kosten. Öffnungszeiten der Grabkammern 9–16 Uhr, Eintritt: 20 LE, Cheops-Pyramide (Innenbesichtigung) 10 LE extra*

Stadttore

★ Die Fatimiden umgaben ihre Stadt Al Qahira mit dicken Stadtmauern, Reste davon stehen noch heute. Die Stadttore *Bab Al Futuh* (**E 8**) (Tor der Eroberung) und *Bab Al Nasr* (**F 8–9**) (Siegestor) begrenzen die Hakim-Moschee – dort finden Sie auch den Wärter mit dem Schlüssel. Gegen ein bißchen Bakschisch wird er Sie hinauflassen auf die Stadtmauer – von oben bietet sich ein herrlicher Rundblick. Das gleiche gilt für das südliche Stadttor *Bab Az Zuweila* (**E 10**). In die Stadtmauer integriert wurden die Minarette der Sultan-Mu'ayyad-Sheich-Moschee. Der Moscheewächter läßt Sie aufsteigen. Der Ausblick zeigt ein noch sehr ursprüngliches Viertel von Kairo. Beachten Sie auch das Eingangstor der Moschee – es stammt aus der Sultan-Hassan-Moschee, aber Sultan Mu'ayyad gefiel es so gut, daß er es für seine eigene Moschee verwenden ließ.

Totenstadt (F 10)

Einmalig in der islamischen Welt ist diese Nekropole jenseits der Altstadt – statt Gräbern wurden kleine Häuser errichtet. Die Grabstätten werden bewohnt – von Kairoer Bürgern, die hier inmitten der Toten eine mietfreie Unterkunft fanden. Auch wenn das Viertel einem Slum gleicht, lohnt der Besuch wegen dreier Mausoleen aus der Mamlukenzeit. Von Nord nach Süd sind dies: *Moschee des Sultan Farag* und *Grab von Sultan Barquq*. 12 Jahre lang wurde an dem Komplex gebaut, von 1398 bis 1411. Dach und nördliches Minarett können Sie erklimmen, von hier oben läßt sich die riesige Gräberstadt gut überblicken. Weiter südlich, die Hauptstraße entlang, erhebt sich die *Grabmoschee des Sultan Barsbay*. Der »Leoparden-Bay« ließ die Anlage 1432 erbauen. Werfen Sie unbedingt einen Blick auf die Kuppeln: Jede von ihnen trägt verschiedene Muster aus Steinrippen, ein frühes Beispiel für die sich gerade entwickelnde Kunst, Kuppeln von außen ornamental zu verzieren. Noch weiter südlich liegt die *Grabmoschee des Sultan Qait-Bay*, 1472–74 erbaut. Die Kuppel weist ein vielfältig verflochtenes Steinrippen-Dekor auf, Qait-Bay war einer der letzten Mamlucken-Herrscher, zu seiner Zeit erlebte das mittelalterliche Kairo eine letzte kulturelle Blüte.

Zitadelle (E 11)

★ Von 1218 bis ins 19. Jh. hinein offizieller Regierungssitz, noch zu Sadats Zeiten als Gefängnis genutzt – Saladins Bauwerk aus dem 12. Jh. überstand den Wandel der Zeiten, erlebte Palastintrigen, Mord und Umsturz. Wie ein spannender Krimi aus Tausendundeiner Nacht liest sich die Geschichte, die sich in diesen Mauern abspielte. Eine Explosion zerstörte 1824 einen Großteil der alten Gebäude, der Juwelenpalast (Qasir Al Gawhara) brannte 1972 bei einem Diebstahlsversuch aus. Nach erfolgter Restaurierung kann ein Teil des Palastes wieder besichtigt werden. Wichtigste Gebäude sind jedoch die Alabastermoschee, die kleine Moschee des Sultan an Nasir, einst die Hauptmoschee der Zitadelle, und der sogenannte Josefsbrunnen (Bir Yussuf), im 12. Jh. gegraben und 87 m tief. Er sicherte die Wasserversorgung zusammen mit dem aus dem 14. Jh. stammenden Aquädukt, dessen Reste heute noch zu sehen sind und die sich bis zum Nil hinziehen. Die Zitadelle steht unter militärischem Kommando; einige Bereiche sind für die Öffentlichkeit gesperrt. Ein Militärmuseum zeigt Waffen von den Zeiten der Pharaonen bis zu den letzten Nahost-Kriegen. *Geöffnet ist die Zitadelle von 9 bis 17 Uhr, Eintritt 20 LE, Studenten die Hälfte*

MOSCHEEN

Alabaster-Moschee (E 11)
★ Auch *Muhammad-Ali-Moschee*. Sie liegt auf der Zitadelle; mit ihren schlanken Minaretten im türkischen Stil kann sie ihr Vorbild, die Hagia Sophia in Istanbul, nicht verleugnen.

Al-Aqmar-Moschee (E 9)
Die Moschee der Monde, so ihr Name nach den ehemals hell wie Mondlicht leuchtenden Kalksteinen der Fassade. *An der Sh. Mu'izz Li Din Allah*

Al Azhar (E 9)
★ »Die Blühende«, 970 gegründet, gilt auch heute noch als oberste Institution des sunnitischen Islam; daß hier immer auch Politik gemacht wurde, versteht sich. Der Moschee angegliedert ist die Universität, 988 in Betrieb genommen. Das Lehrangebot umfaßte zunächst nur theologische Fächer und Arabisch, erst 1961 erhielt Al Azhar auch weitere Fakultäten. Die Bausubstanz wurde im Laufe der Jahrhunderte vielfach verändert, erweitert und restauriert. Original fatimidisch ist nur noch ein Teil des rechten Liwans (vom Eingang aus).

Amr-Moschee (O)
Unweit des koptischen Viertels, die älteste Moschee der Stadt aus dem 7. Jahrhundert.

Aqsunqur-Moschee (D 12)
Auch »Blaue Moschee« genannt wegen der persisch beeinflußten Kacheln, die 1652 bei einer Restaurierung angebracht wurden. Die Moschee selbst ließ Emir Aqsunqur 1346/47 erbauen.

Emir-Khayybak-Moschee (E 10)
Sie stammt aus dem 16. Jh. Architektonisch bemerkenswert ist sie wegen ihrer unregelmäßigen Fassade. Sie liegt direkt neben der Aqsunqur-Moschee.

Hakim-Moschee (E 8–9)
★ Wie eine Festung schaut sie aus, und ihre nördliche Begrenzungsmauer wurde in die fatimidische Stadtmauer eingegliedert. Al Hakim Biamrillah, der 6. der Fatimidenkalifen, vollendete den von seinem Vater be-

KAIRO

gonnenen Bau 1013. Al Hakim begründete eine neue Lehre, die sich radikal vom traditionellen Islam entfernte. Nach einem Missionar dieser Bewegung, ad-Darazi, erhielten ihre Anhänger die Bezeichnung »Drusen«. Heute leben sie nur noch im Libanon, in Syrien und Israel. Hakims Moschee verfiel nach seinem rätselhaften Verschwinden 1021, erst seit 1980 wird die Moschee von indischen Ismaeliten von Grund auf restauriert. Klettern Sie auf das Dach der Moschee – ein großartiger 🌟 Ausblick über den nördlichen Teil der mittelalterlichen Stadt erwartet Sie.

Ibn-Tulun-Moschee (**D 11**)
★ Vom Tigris kam er an den Nil, um Ägypten für den Kalifen in Bagdad zu verwalten. Ibn Tulun ließ seine Moschee 876 bis 879 erbauen. Das spiralförmige Minarett, eine Reminiszenz an Samarra, verrät die irakischen Vorbilder. Der Bau besticht durch seine Schlichtheit sowie die ausgewogenen Proportionen.

Maridani-Moschee (**E 10**)
Sie liegt schräg gegenüber der Aqsunqur-Moschee; viele antike Säulen fanden bei ihrem Bau Verwendung. Interessante Details: ein großer Schirm aus Mashrabiya, der den Gebetsteil vom Hof trennt. Mihrab und Minbar zählen zu den schönsten Arbeiten in Kairos Moscheen.

Rifai-Moschee (**E 11**)
Baujahr 1912; hier liegen die Könige Fuad und Faruk begraben, auch der letzte Schah von Persien, Reza Pahlewi, fand hier seine letzte Ruhestätte.

Sultan-Barquq-Moschee (**E 9**)
Die Schulmoschee des Sultan Barquq aus dem späten 14. Jh. Sein Grab in einem Nebenraum kann besichtigt werden, sein Mausoleum befindet sich in der Totenstadt. *An der Sh. Mu'izz Li Din Allah*

Ein beeindruckender Anblick:
die Sultan-Hassan- und die moderne Rifai-Moschee

Sultan-Hassan-Moschee (E 11)
★ Der Rifai-Moschee gegenüber, direkt unterhalb der Zitadelle, finden Sie die Sultan-Hassan-Moschee aus dem 14. Jh. Das Grab des Hassan befindet sich im östlichen Teil des Komplexes. Die Moschee, die sowohl von ihren Ausmaßen als auch vom Baustil her Festungscharakter besitzt, wurde zuweilen auch militärisch genutzt: Vom Dach aus konnte die Zitadelle beschossen werden. Ursprünglich gab es drei Minarette, zwei stürzten ein, das noch erhaltene, über 80 m hoch, ist eines der höchsten in ganz Kairo.

Die Goldmaske Tut-Anch-Amuns

MUSEEN

Ägyptisches Museum (C 9)
★ Mitten im modernen Stadtzentrum birgt dieses weltberühmte Museum die wohl umfangreichste Sammlung ägyptischer Altertümer. Die Fülle der Exponate erschlägt einen fast, die Touristenmassen, die tagtäglich hier durchgeschleust werden, tun ein übriges. Gehen Sie nachmittags, dann ist der Rummel nicht ganz so groß. Der Schatz des Tut-Anch-Amun nimmt einen Teil des Obergeschosses ein. Wieder geöffnet: Der Mumiensaal, für den Sie einen Extraobulus von 60 LE berappen müssen. *Md. Tahrir. Das Fotografieren ist gegen eine Gebühr von 10 LE erlaubt, Filmen kostet 100 LE. Eintritt: 20 LE, Studenten die Hälfte. Öffnungszeiten: 9–16 Uhr, Fr Pause zwischen 12 und 14 Uhr*

Gayer-Anderson-Museum (D 11)
★ Direkt neben der *Ibn-Tulun-Moschee* befindet sich diese Sammlung arabischer Einrichtungsgegenstände, die der orientbegeisterte britische Offizier Gayer-Anderson zusammengetragen hat. Sie sind in zwei miteinander verbundenen Häusern aus dem 17. Jh. ausgestellt – eine hochinteressante Darstellung arabischer Wohnkultur, die Exponate stammen jedoch nicht nur aus Ägypten. *Öffnungszeiten: 9–16 Uhr, Fr Pause zwischen 11 und 13.30 Uhr*

Islamisches Museum (D 9)
★ Das Museum zeigt eine außergewöhnliche Sammlung islamischer Kunst. Viele Stücke stammen aus den Kairoer Moscheen, aber auch etliche andere arabische Länder sind mit Exponaten vertreten.

Das Museum bietet einen hervorragenden Überblick über Schnitzerei, Kalligraphie, Perlmutt- und sonstige Intarsienarbeiten sowie Meisterwerke aus Fayence und Keramik. *Md. Ahmad Maher/Ecke Sh. Port Said, Öffnungszeiten: 9–16 Uhr, Fr Pause zwischen 11 und 13.30 Uhr*

KAIRO

Koptisches Museum (O)
★ Eine einzigartige Sammlung koptischer Kunst und Geschichte versammelt dieses Museum in seinen Ausstellungsräumen. Neben sakraler Kunst finden sich Beispiele koptischer Textilverarbeitung, Manuskripte, Holz- und Elfenbeinarbeiten, Säulenfragmente und Friese.

Das Gebäude selbst besticht durch seine Atmosphäre, es wurde von der Anlage her einem alten koptischen Haus nachempfunden. Der Haupteingang liegt zwischen den beiden römischen Türmen der Festung Babylon, durch einen kleinen Garten gelangt man ins Innere. *Old Cairo, Öffnungszeiten: 9–16 Uhr, Fr Pause zwischen 11 und 13 Uhr, Eintritt: 8 LE*

Landwirtschaftsmuseum (A 9)
Im Stadtteil Dokki auf dem westlichen Nilufer gelegen, zeigt dieses Museum die Geschichte der ägyptischen Landwirtschaft in der Pharaonenzeit. Hier finden sich Gebrauchsgegenstände und plastische Szenen aus dem alltäglichen Leben der Landbewohner im alten Ägyten. *Im Stadtteil Dokki, an der 6.-Oktober-Brücke, Öffnungszeiten: 9–14 Uhr, Fr und Mo geschl.*

Papyrus-Institut (B 10)
Südlich vom Cairo Sheraton liegt ein Hausboot, das Dr. Hassan Ragabs Papyrus-Institut beherbergt. Gezeigt wird hier die Herstellung von Papyrus, und eine kleine Kunstgalerie offeriert dem Besucher hübsche Mitbringsel für zu Hause. *Südlich vom Cairo Sheraton, geöffnet von 10 bis 19 Uhr, Eintritt frei*

EINKAUFEN

Im modernen wie im islamischen Kairo lohnt es sich, zu Fuß zu gehen – durch die Einkaufsstraßen mit ihren Geschäften, Restaurants und Buchläden und den Büros der Fluggesellschaften. Internationale Zeitungen in großer Auswahl finden Sie direkt am *Café Groppi, Ecke Talaat Harb/Qasr El Nil*. Bücher in deutscher Sprache führt *Lehnert & Landrock, 44, Sh. Sherif, Tel. 02/392 76 06 und 393 53 24.*

Entspannen kann man sich auf der Terrasse des *Nile Hilton am Midan Tahrir*, dem zentralen Platz der City. Hier finden Sie neben einem stets überfüllten Busbahnhof die U-Bahn-Station. Auf der anderen Seite erhebt sich ein kolossales Bürogebäude – die *Mugamma*, Kairos zentrale Verwaltungsstelle. In dem Gebäude befindet sich auch die Touristenmeldestelle, dort gibt es Visaverlängerungen und Re-entry-Visa.

Die meisten Touristen zieht es in den Basar. Im Gegensatz dazu haben die Geschäfte in der Innenstadt feste Preise. Die vielen Schuhgeschäfte im modernen Kairo werden Ihnen auffallen, hier gibt es ein Paar schon für 30 bis 50 LE. Typische Souvenirartikel sollte man aber besser im Basar kaufen, da man dort handeln kann.

Khan-El-Khalili-Basar (F 9)
Links von der Saidna-Hussein-Moschee beginnt der Khan-El-Khalili-Basar, ein einmaliges Zentrum für lokales Kunsthandwerk aus Metall und Holz, ferner für Leder und Schmuck; eine faszinierende Welt aus verwin-

kelten Gäßchen. Man kann hier Stunden verbringen, mit den Händlern plaudern und feilschen.

Das Gelände steigt zur Hussein-Moschee hin langsam, aber stetig an. Seinen Namen erhielt der Basar nach dem Khan (persisch: Handelshaus), der 1382 von Amir Gorhas Al Khalili hier errichtet wurde. Bemerkenswert ist die alte Bausubstanz des Viertels – auch wenn Sie nichts kaufen, ein Blick darauf lohnt sich in jedem Fall. Das meiste wurde unter Sultan El Guri Anfang des 16. Jhs. restauriert. Seit diesen Zeiten hat sich die so typische Mischung aus Läden und Werkstätten erhalten. Die teureren, oft auf westliche Touristen ausgerichteten Geschäfte finden Sie rechts von und entlang der »Hauptbasarstraße«.

HOTELS

Cairo Marriott (B 8)
Ein ehemaliger Khediven-Palast wurde zum Hotel umfunktioniert. *1250 Zi., Auf der Nilinsel Gezira im Stadtteil Zamalek, Sh. Saraya El Gezira, Tel. 02/340 88 88, Fax 340 66 67, Kategorie 1*

Cairo Sheraton Giza (B 10)
Gute Aussicht auf den Nil, italienische Küche im »La Mamma« sowie ägyptische im »Arouss El Nil«. *660 Zi., Md. El Galaa, Tel. 02/ 348 86 00, 348 87 00, Fax 348 90 51, behindertengerecht, Kategorie 1*

Cosmopolitan (C 9)
Downtown Kairo. Hotel mit altmodischem Charme. *84 Zi., Sh. Ibn Tahlab/Sh. Qasr El Nil, Tel. 02/ 392 38 45, Fax 393 35 31, Kategorie 2*

Flamenco-Hotel (B 8)
Ein gutes Mittelklassehotel, auch auf der Nilinsel Gezira im Stadtteil Zamalek gelegen. 10 Minuten braucht ein Taxi von hier bis zur Innenstadt. *157 Zi., Sh. El Gezira El Wosta, Tel. 02/340 08 15, 341 13 25, Fax 340 08 19, Kategorie 2*

Mena House (O)
Auch das Mena House bietet orientalisches Palastambiente. Direkt an den Pyramiden gelegen und mit Aussicht darauf schon beim Frühstück. Der Weg in die Stadt kann jedoch je nach Verkehrsaufkommen bis zu einer Dreiviertelstunde betragen. *523 Zi., Sh. El Ahram, Tel. 02/ 383 32 22, 383 34 44, Fax 383 77 77, behindertengerecht, Kategorie 1*

Victoria (D 9)
Eine preiswerte Unterkunft, auch noch zentral in der Innenstadt, aber mehr zur Altstadt hin gelegen und manchmal etwas laut. *100 Zi., 66, Sh. Gumhuria, Tel. 02/589 22 90/1/2, Fax 591 30 08, Kategorie 2–3*

RESTAURANTS

Die Restaurants in Ägypten haben normalerweise von 11 bis 23 Uhr geöffnet, manche auch länger.

Abu Shaqra (C 10)
Typisch ägyptisch speisen Sie bei Abu Shaqra, kein Alkohol. *69, Sh. Qasr al Aini im Stadtteil Garden City südlich der Innenstadt, Tel. 02/84 86 02, 84 88 11, Kategorie 2*

Al Mashrabiya (A 11)
Gutes Restaurant mit arabischer Küche. Hier gibt es jedoch keine alkoholischen Getränke. *4, Sh. Ahmed Nassim, im Stadtteil Dokki,*

KAIRO

Tel. 02/72 50 59 und 73 94 62, Kategorie 2

Andrea's (O)
Volkstümliches Gartenrestaurant am Nilkanal in Pyramidennähe; Spezialität: Thymianhühnchen. *60, Mariutia Canal, Tel. 02/ 85 11 33, Kategorie 3*

Café Groppi (C 9)
❁ Das Café ist bekannt für guten Kuchen und Konfekt. *Md. Talaat Harb, Tel. 02/74 32 44, Kategorie 3*

El Badawi (A 10)
Hier sind auch die anderen arabischen Länder mit typischen Gerichten vertreten. *Md. Misaha, im Stadtteil Dokki, Tel. 02/348 48 78, 348 81 73, Kategorie 2*

Felfela (C 9)
Auch Felfela serviert original ägyptische Küche, in uriger Atmosphäre, sehr preiswert. Innenstadt. *Sh. Talaat Harb/Ecke Sh. Huda Sharawy, der Eingang ist ca. 15 m von der Ecke entfernt in der Seitenstraße, Tel. 02/74 05 21, Kategorie 3*

Fishawi (E 9)
Kaffeehaus mit ägyptischem Jugendstildekor, 1773 eröffnet. Eine Oase im Basargewühl. *1. Seitengasse links vom Haupteingang zum Khan-El-Khalili-Basar, Tel. 02/90 67 55, Kategorie 3*

Prestige (O)
Hier gibt es Kairos beste Pizza. *43, Sh. Gezirat Al Arab im Stadtteil Muhandissin, Tel. 02/347 03 83, Kategorie 2–3*

Tandoori (O)
Kein Alkohol. Gutes indisches Essen. *11, Sh. Shihab in Muhandissin, Tel. 02/348 63 01, Kategorie 2–3*

AM ABEND

Cairo Opera (B 10)
Die Cairo Opera, 1988 neu erbaut auf der *Nilinsel Gezira* für die 1971 ausgebrannte, alte Oper in der Stadt, zeigt von Sept. bis Mai ein buntes Programm mit vielen Gastspielen internationaler Ensembles. *Tel. 02/342 05 98, 10–13 und 17–20 Uhr Kartenvorverkauf.* Es besteht Krawatten- und Jackettpflicht.

Diskos
Jackie's (C 9) im Nile Hilton *Md. Tahrir/Corniche El Nil. Sultana* (C 10) im Semiramis *Intercontinental, Corniche El Nil. Mashrabiya-Bar* (B 10) des Cairo Sheraton, *Md. El Galaa.* Die meisten Touristen wollen natürlich Bauchtanz sehen. Die Nachtclubs der großen Hotels sind zwar teuer, aber dafür sehen Sie dort auch die besten Bauchtänzerinnen Ägyptens. Tischreservierung ist notwendig.
Aladin Nightclub (B 10) im Cairo Sheraton, *Md. El Galaa, Tel. 02/ 348 86 00. Haroun Er Raschid* (C 10) im Semiramis, *Corniche El Nil, Tel. 02/35 5 71 71. Belvedere* (C 9) im Nile Hilton, *Md. Tahrir/Corniche El Nil, Tel. 02/74 07 77*

Um-Kalthum-Theater (A 8)
Folklore zeigt von Sept. bis Mai das Um-Kalthum-Theater. Hier tritt auch Mahmud Redas Ensemble auf. *Ecke Sh. Al Nil/Sh. 26. July. Tel. 02/347 17 18* (früher Balloon Theatre)

AUSKUNFT

Tourist Office (D 9)
5, Sh. Adli, Tel. 02/393 44 26. Ein Büro befindet sich auch direkt im Flughafen im neuen Terminal.

ZIELE IN DER UMGEBUNG

Bei der Darstellung der Ziele der Umgebung von Kairo sind wir von der alphabetischen Systematik abgewichen, um Ihnen eine geographische Reiseroute zu schildern.

Sakkara (D 2)

★ Knapp eine Autostunde südlich von Kairo liegt die Nekropole des Alten Reiches mit der berühmten *Stufenpyramide des Pharaos Djoser*, Eintritt 20 LE. Die landschaftlich schönste Strecke zweigt kurz vor den Pyramiden von Gizeh an der letzten Kanalkreuzung links ab und führt immer am Kanal lang. Wenn Sie jedoch mit dem Auto die Hauptstraße nehmen, kommen Sie am Dorf *Haraniya* vorbei, bekannt geworden durch Wissa Wassef, der hier den Kindern der umliegenden Dörfer in einer Art Sozialprojekt die Kunst des Teppichwebens beibrachte. Die farbenfrohen, naiven Motive entstehen aus kindlicher Phantasie, die Teppiche werden auch – preiswert – verkauft. Sakkara selbst bietet außer der Stufenpyramide noch eine ausgedehnte *Grab- und Tempelanlage*. Hier wurde 1995 eine weitere Pyramide ausgegraben. Besuchen Sie auch das *Serapeum*, die Gräber der einstmals als heilig verehrten Apis-Stiere, die wie Menschen mumifiziert und beigesetzt wurden. Sakkara war die Nekropole von Memphis, dessen Ruinen, unweit von hier beim heutigen Dorf Mitrahina, eigentlich nur noch wegen einer Ramses-II.-Statue besucht werden. Eine weitere, gleiche Figur steht auf dem Vorplatz des Kairoer Ramses-Bahnhofs.

Pyramiden von Dahschur (D 2)

Weiter südlich schließt sich ein ausgedehntes Pyramidenfeld an, leider in militärischem Sperrgebiet. Hier liegen die Pyramiden von Dahschur, bekannt geworden durch die »weiße«, »rote« und »schwarze« Pyramide, vor allem aber fällt die »Knickpyramide« des Snofru aus der 4. Dynastie ins Auge: ihr auf halber Höhe abknickender Neigungswinkel verhalf ihr zu dem Namen. *Eintritt: 14 LE*

Pyramide von Maidun (D 2)

Weitere 80 km nach Süden, von weither sichtbar, steht die Pyramide von Maidun, auffallend durch ihre atypische Form: Die ursprünglichen Stufen wurden seitlich aufgefüllt und glatt verkleidet, da aber die Fundamente der Außenhaut nicht ausreichend gesichert worden waren, rutschte die Steinverkleidung mit lautem Getöse ab und ließ die heutige Form entstehen.

Oase Al Fayum (D 2)

★ Der »Garten von Kairo«, 100 km von der ägyptischen Hauptstadt entfernt, läßt sich in einem Tagesausflug gut schaffen. Nach der Pyramide von Maidun geht's in südwestlicher Richtung weiter, an der – beschädigten – *Pyramide von Illahun* vorbei, es folgt die *Pyramide von Hawara*, noch stärker zerstört. Einst befand sich hier ein als Labyrinth bekannter Totentempel, von dem Herodot behauptete, er habe 3000 Räume umfaßt. Nach wenigen Kilometern ist *Medinat Al Fayum*, der Hauptort der Oase, erreicht. Berühmt wurde das Fayum durch seine bis zu 5 m hohen *Wasserschöpfräder*, die das

KAIRO

Al Fayums berühmte Wasserräder für die Feldbewässerung

Wasser von den vielen Kanälen der Oase auf die Felder brachten. 4 Exemplare finden Sie direkt in dem Städtchen, gleich daneben liegt die *Cafeteria Al Medina*. Im Zentrum der Stadt liegt die *Qait-Bay-Moschee* aus dem 15. Jh. Auch auf das *Mausoleum von Ali er Rubi*, einem Ortsheiligen, kann man einen Blick werfen. Weitere 7 Wasserräder stehen am *Kanal Bahr Sinuris*. Weiter nördlich erreichen Sie den *Qarun-See*, der früher die ganze Oase bedeckte. Hier baute sich König Faruk einen Palast – das Hotel *Auberge du Lac* in seiner einstigen Residenz ist die beste Adresse *(81 Zi., Tel. 084/70 00 02, Fax 02/350 23 56, Kategorie 2)* im Fayum. Im *Dorf Shakshouk* gibt es einen Fährdienst auf die andere Seite des Sees, dort liegen die *Ruinen von Dime*, eine Stadtanlage aus griechisch-römischer Zeit. Am Südufer des Sees liegt *Qasr Qarun* mit einem *Tempel und den Ruinen von Dionysiae*, einer ptolemäischen Gründung. Am Qarun-See finden Sie auch die älteste gepflasterte Straße der Welt: 12 km lang, 2 m breit. Sie stammt aus dem Alten Reich (2778 v. Chr.).

Kamelmarkt von Imbaba (D 2)

★ Er heißt noch so, obwohl er nicht mehr im Kairoer Vorort Imbaba, sondern im Ort *Barqash* (24 km nördlich von Sakkara) stattfindet. Jeden Freitagmorgen bietet er ein sehenswertes Schauspiel. Auf der Pyramidenstraße beim Schild »Sakkara« rechts abbiegen und auf der linken (!) Seite des Kanals fahren. 18 km hinter Kerkdasa kommt Barqash. Der Ort liegt links an der neuen Kanalbrücke. Noch 4 km am Kanal entlang, beim Schild »Nimos-Farm« links abbiegen, 2 km weiter ist der Markt. *Eintritt für Ausländer: 5 LE, Fotos: 3 LE extra. Taxis dorthin kosten ca. 70 LE.*

Nil-Barrages (D 2)

Etwa 25 km nördlich von Kairo liegt ein Staudamm, den Muhammad Ali 1835 errichten ließ. Einmalig im Orient: die Aufbauten auf dem Wehr, an europäische Ritterburgen erinnernd. Am Staudamm dümpeln Feluken, die man für eine kleine »Kreuzfahrt« auf dem Nil mieten kann. Die ✪ Barrages sind auf beiden Uferseiten leicht mit dem Taxi erreichbar.

Tanis (D 1)

Etwa 160 km von der Hauptstadt entfernt im östlichen Delta liegt die kaum besuchte Ruinenstadt. Ein großer Amun-Tempel dominiert den Ort, der in der 21. und 23. Dynastie zur Hauptstadt ganz Ägyptens wurde. Drei Kolossalstatuen Ramses' II. liegen am Boden, interessante Reliefs, Säulen und Obelisken finden sich hier. Der Ort muß in seinen Ausmaßen einst ähnlich groß wie Karnak gewesen sein.

OBERÄGYPTEN

Götter, Tempel, Pharaonen

*Hautnah auf den Spuren
Nofretetes und Tut-Anch-Amuns:
Hier liegt Ihnen das alte Ägypten zu Füßen*

Wer vor allem aus kunsthistorischem Interesse nach Ägypten fährt, kommt in Oberägypten voll auf seine Kosten, hier liegen die Highlights jeder klassischen Bildungsreise. Mit den Standquartieren Luxor oder Assuan erschließt sich die Welt des alten Ägyptens, in der Umgebung dieser Städte liegen die Sehenswürdigkeiten, die weltweit zum Inbegriff altägyptischer Kultur wurden: die Grabmalereien in Theben-West, der einstigen Nekropole des Mittleren Reiches, mit teilweise unglaublich frisch erhaltenen Farben, das Tal der Könige mit dem berühmten Grab Tut-Anch-Amuns. Die Tempel von Luxor, Karnak und Abu Simbel, Philae und Edfu erzählen von Göttern und Pharaonen, aber auch vom Alltag des damaligen Lebens in beeindruckender Anschaulichkeit. Auch die weiter stromabwärts liegenden Monumente, die Tempel von Abydos und Dendera, verdienen einen Besuch ebenso wie Amarna, dessen Vergangenheit man eher erahnen, denn konkret sehen kann. Wo einst Nofretete und Echnaton wandelten, befinden sich nur noch wenige Ruinen und Gräber.

Aber auch wer vor allem Ruhe und Erholung sucht nach der Hektik der Millionenmetropole Kairo, findet in Oberägypten vielfältige Möglichkeiten. Assuan galt nicht zu Unrecht schon im letzten Jahrhundert als empfehlenswerter Winterkurort; das milde Klima, die trockene warme Luft ließen den Alltag im naßkalten Europa schnell vergessen. Viele reiche Engländer bevölkerten die Terrasse des Old-Cataract-Hotels, das auch als Kulisse für Agatha Christies »Tod auf dem Nil« herhalten mußte. Balsam für gestreßte Seelen ist ein Segeltörn auf dem Nil, besonders bei Sonnenuntergang, wenn die Ufer des Nils sanft und gemächlich vorübergleiten. Nach Süden zu wird das Niltal immer enger, dicht an den Fluß schiebt sich die gelbe Sand- und Felswüste heran, ein malerischer Kontrast zu den grünen Tupfern

*Das Mittelschiff der mächtigen
Säulenhalle des Haupttempels des
Reichsgottes Amun in Karnak*

MARCO POLO TIPS FÜR OBERÄGYPTEN

1 Assuan
Ein kleines Städtchen mit großer Vergangenheit ringsum (Seite 52)

2 Edfu
Der besterhaltene Tempel des alten Ägypten (Seite 64)

3 Felukenpartie auf dem Nil
Romantisch und entspannend (Seite 53)

4 Karnak-Tempel
Obelisken, Säulen, Kolossalstatuen – die größte Tempelanlage Oberägyptens (Seite 59)

5 <mark>Kuppelgräber von Saujat Al Amwad/Saujat Al Maitin</mark>
Ein Meer von weißen Kuppeln zwischen Wüste und grünem Niltal (Seite 65)

6 Luxor-Tempel
Abends besonders zu empfehlen (Seite 59)

7 <mark>Nubischer Markt in Darau</mark>
Kamele und anderes im malerischen nubischen Dorf (Seite 56)

8 Tal der Könige
Die Gräberanlage ist ein Höhepunkt jeder Ägypten-Reise (Seite 61)

9 Tempel der Hatschepsut
Die Pharaonin bewies Geschmack – der Tempel ist eine architektonische Glanzleistung (Seite 61)

10 Tempel von Abu Simbel
Ein reizvoller Wüstentrip, besonders bei Sonnenaufgang (Seite 57)

von Dattelpalmenhainen und Zuckerrohrpflanzungen, den an die Hügel geklebten Lehmdörfern der Fellachen und dem in der Sonne glitzernden Wasser des Flußlaufs. Südlich von Assuan, beim ersten Katarakt, ist die Südgrenze des alten Ägyptens erreicht. Die Stromschnellen bildeten in alten Zeiten ein unüberwindliches Hindernis für die Schiffahrt. Es war nicht nur eine politische Grenze, auch kulturell verlief hier die Trennung zu Nubien. Ein Hauch von Afrika umfängt die Souks in Assuan und Darau. Auch die malerischen Taubenhäuser überall am Wege, das farbenfrohe Treiben in den nubischen Marktflecken würden genausogut nach Somalia oder Kenia passen. Die Hautfarbe der Menschen wird dunkel, und auch ihr Dialekt, vor allem aber ihre Musik lassen die Nähe des anderen Kulturkreises spürbar werden.

Wer Oberägypten besucht, entdeckt ein ganz anderes Ägypten als derjenige, der zum Baden ans Rote Meer oder nach Alexandria fährt; das Leben am Oberlauf des Nils ist stärker als anderswo von Tradition und Vergangenheit geprägt; wer die Siedlungen der Fellachen an sich vorüberziehen läßt und ein bißchen Phantasie mitbringt, der fühlt sich in die Zeit der Pharaonen zurückversetzt. Oberägypten lädt ein zum Verweilen, zur entspannten Muße, was nicht

OBERÄGYPTEN

heißt, daß es hier nicht auch Touristenrummel gäbe – Luxor steht da einsam an der Spitze. Wer jedoch abseits der Rummelplätze sich auf Landschaft und Menschen einläßt, wird verstehen, warum auch viele Ägypter hier im eigenen Lande urlauben.

Wenn Sie das Niltal wirklich »erleben« und nicht nur abhaken wollen, dann sollten Sie sich in den Zug setzen. Das Flugzeug schafft zwar die Strecke Kairo-Assuan in einem Bruchteil der Zeit, die die Eisenbahn benötigt, aber: Die Atmosphäre entlang dieses einmaligen Flußlaufs, an dem sich eine der ältesten Kulturen der Welt entwickelte, erschließt sich nun einmal am besten, wenn man geruhsam die Landschaft durchfährt. Wer mit dem Abendzug aus Kairo abreist, wacht morgens in Oberägypten auf: Zuckerrohr- und Bananenkulturen, Palmen und viele kleine Dörfer ziehen vorbei, man gewinnt die ersten Eindrücke von diesem trotz Touristenandrangs immer noch relativ ursprünglichen Ägypten. Oft hält der Zug an kleinen Bahnstationen, in Marktflecken oder auch einmal einfach so auf freier Strecke – Zeit zum Betrachten der Landschaft oder des lebhaften Treibens ringsum und oft auch ein erstes Bild von den harten Lebensbedingungen auf dem Lande.

Eine ganz andere, ebenso empfehlenswerte Art, sich das Flußtal zu erschließen, sind die zu Recht beliebten Nilkreuzfahrten. Die Schiffe pendeln zwischen Luxor und Assuan hin und her, inzwischen gibt es aber auch schon Touren stromabwärts bis Kairo, letzteres dauert etwa 10 Tage. Hier herrscht natürlich eine ganz andere Atmosphäre – die durchweg komfortablen bis luxuriösen Schiffe bieten die üblichen Annehmlichkeiten einer Kreuzfahrt, kombiniert mit Landausflügen zu den antiken Stätten am Ufer. Und wenn gerade mal kein Ausflug auf dem Programm steht, kann man an Deck die langsam vorübergleitende Umgebung genießen – besonders reizvoll, wenn die Sonne allmählich hinter den Bergen der Libyschen Wüste verschwindet. Wer eine Kreuzfahrt plant, sollte rechtzeitig buchen. Gerade um die Weihnachtszeit, wenn die meisten Touristen nach Oberägypten strömen, nutzen auch viele wohlhabende Ägypter auf diese Weise die Gelegenheit, ein paar Tage abseits vom täglichen Kairoer Streß einmal richtig ausspannen zu können.

ASSIUT

(**D3**) Mit rund 300 000 Einwohnern die größte Stadt Oberägyptens mit einer Universität. Inmitten der fruchtbaren Flußebene, auf der Westseite des Nils gelegen, bietet die Stadt dem Touristen nicht sehr viel. Assiut hat sich noch nicht auf Tourismus eingestellt, entsprechend begrenzt sind die Hotelkapazitäten. Schönster Punkt der Stadt ist die schattige Uferpromenade; mit ihren Ausläufern reicht die Stadt bis zur westlichen Gebirgskette, in deren Steilabfall Felsengräber von Gaufürsten aus dem Mittleren Reich hineingehauen wurden – der Aufstieg belohnt mit einem schönen ❈ Rundblick über die Stadt und das Flußtal. Bummeln Sie durch den

Souk, hier gibt es viele Souvenirartikel billiger als in Kairo, da sie hier hergestellt werden. Ein Spaziergang bis zum nördlich gelegenen Staudamm bietet sich ebenfalls an. Assiuts Bedeutung als Zentrum Oberägyptens liegt lange zurück: Als Endpunkt der Karawanenroute über die Oasen der westlichen Wüste bis zum Sudan, prosperierte die Stadt; als Ägypten christlich wurde, wuchs das koptische »Siut« rasch zu einem christlichen Zentrum heran. Gelegentlich gerät die Stadt in die Schlagzeilen wegen religiös motivierter Auseinandersetzungen zwischen der moslemischen Mehrheit und der immer noch starken christlichen Minorität. Man lebt hier vor allem von Baumwollhandel und Textilindustrie. Assiut erreichen Sie am besten mit der Eisenbahn, es gibt jedoch auch einen Flughafen.

HOTELS

Hotels in Assiut kann man so gut wie gar nicht von Kairo aus buchen (Savoy, Cairo Palace, Isis und Windsor, alle sehr!! einfach, im Stadtzentrum).

Badr
Es zählt zur Kategorie 3. *44 Zi., Sh. El Thallagar, Tel. 088/ 32 98 11/12, Fax 32 28 20*

ZIEL IN DER UMGEBUNG

Amarna (D 3)
Echnatons berühmte Stadtgründung, ursprünglich von ihm Achet-Aton getauft, nach Aton, der Sonnenscheibe, die er zum alleinigen Gott seiner Zeit erhob. Auch seinen eigenen Namen – Amenophis IV. – änderte der Pharao ab; in Amarna sollte ein neues Zeitalter beginnen. In nur 12 Jahren wurde die neue Stadt »hochgezogen«, nach dem Tod des »Ketzerkönigs« wurden jedoch die alten Sitten und Gebräuche wieder eingeführt. Der Schwiegersohn Tut-Anch-Amun kehrte nach Theben zurück, Amarna verfiel, zur Freude der Archäologen wurde der Platz nicht wieder überbaut, so daß bei Ausgrabungen eine Fülle von Objekten ans Licht kam und noch kommt – die Grabungen gehen weiter. Berühmtestes Stück: die Büste der Nofretete, Echnatons Frau, heute im Ägyptischen Museum von Berlin zu bewundern. Auch das komplette Staatsarchiv fiel den Ausgräbern in die Hände – ein aufschlußreicher Einblick in diese revolutionäre Epoche. Dem heutigen Besucher bietet Amarna nicht allzuviel; erkennbar ist der Grundriß der alten Residenz, auch sind einige Beamtengräber erhalten geblieben, allerdings in unterschiedlichem Zustand. Die nördlichen Gräber Nr. 1, 2 und 4 zeigen in ihren Wandmalereien das Königspaar mit seinen Töchtern, das häufigste Motiv der Amarna-Zeit. Amarna kann am besten von Assiut oder Minia aus per Taxi erreicht werden.

ASSUAN

(E 5) ★ 280 000 Einwohner zählt die Stadt an der Südgrenze Ägyptens heute, dennoch vermittelt sie eher den Eindruck einer etwas verschlafenen Kleinstadt – Assuan hat sich seine Atmosphäre aus früheren Zeiten bewahrt. Die Menschen leben hier

OBERÄGYPTEN

Gönnen Sie sich ein großes Vergnügen: Mieten Sie eine Feluke für eine Partie auf dem Nil

im wesentlichen von und mit den Touristen, jedoch lange nicht so aufdringlich wie in Luxor. In Assuan kann man richtig spazierengehen, entweder an der Corniche, der Uferstraße, entlang oder durch die bunten Souks; hier finden Sie den wohl ursprünglichsten Basar Ägyptens. Auch Assuan war ein Handelszentrum für die Karawanen aus Schwarzafrika, das Warenangebot in den Basarstraßen erzählt auch heute noch davon. An der Corniche liegen die Hotels und viele kleine Restaurants, hier promeniert man auch am ✹ Abend und genießt ganz einfach bei *ahwa* oder *shai* den wirklich schönen Ausblick auf den ⚜ Nil und seine Inseln, das wüstenhafte Ufer im Hintergrund, dazwischen die weißen Segel der Feluken – die Hektik von Kairo scheint auf einem anderen Stern zu liegen. Zur Fortbewegung: am besten mit Feluken. ★ *Eine Felukenpartie auf dem Nil sollte etwa 20 LE für 3 Stunden kosten – fragen Sie am Abu Simbel Hotel nach Captain Radawi*, er ist als zuverlässig bekannt. An der Corniche dümpeln die Boote, die Bootsleute werden Ihnen eines anbieten. Von Assuan aus gibt es eine Möglichkeit zur Weiterreise in den Sudan, vorausgesetzt, man hat ein Visum. Fahrkarten für die Fähre nach Wadi Halfa verkaufen mehrere Reisebüros an der Corniche, hier gibt es auch Zugkarten für die Weiterfahrt nach Khartoum, Reisedauer: 3 Tage Schiff, 36 Stunden Zug – *inscha allah*.

BESICHTIGUNGEN

Aga-Khan-Mausoleum

Schon von weitem sichtbar ist der schlichte Bau, von einer Kuppel gekrönt. Hier wurde 1957 das Oberhaupt der Ismaeliten beigesetzt. Unterhalb des Mausoleums liegt eine Villa der Begum, die hier ab und an auf eine Stippvisite vorbeischaut.

Elephantine

Auf der Insel im Nil fand man die frühesten Siedlungen, sie datieren bis ca. 4000 v. Chr. zurück. Bei Ausgrabungen entdeckten die Archäologen auch Heiligtümer von Satet, der Göttin der Nilflut, und von Chnum, dem widderköpfigen Gott des Katarakts. Ein kleines Museum zeigt Funde der verschiedenen Grabungsphasen. Sehenswert: der antike Nilometer und die beiden Nubier-Dörfer. Der Name der Insel stammt aus dem Griechischen; ursprünglich hieß sie *Yebu*, altägyptisch für Elefant, vielleicht eine Erinnerung an den Handel mit Elfenbein, der früher hier stattfand. *Zur Insel Elephantine fährt eine kostenlose Fähre des Oberoi-Hotels.*

Felsengräber

Auf dem Westufer finden Sie Gräber von Gaufürsten aus dem Alten und Mittleren Reich. Gut erkennbar: die Rampen, auf denen die Särge emporgezogen wurden. Wer bis auf den Gipfel des Hügels klettert, dem bietet sich ein überwältigender Ausblick auf Assuan und seine Nillandschaft. Hier oben liegt auch die Gedenkstätte eines Lokalheiligen – *Kubbet Al Hawa* geheißen.

Kitchener Island

Heute ein schattiger botanischer Garten, ehemals die Privatinsel Lord Horatio Kitcheners, des Oberkommandierenden der englischen Kolonialtruppen am Ende des 19. Jahrhunderts. Auf ihn geht die Anlage des Gartens zurück, er brachte seine Pflanzensammlung aus allen Teilen des englischen Kolonialreiches hier unter. Viele Pflanzen aus der Tropenzone wurden angesiedelt, es grünt und blüht in allen Farben – ein bestechender Kontrast zum umgebenden Sand und Fels der Wüste. *Eintritt: 500 Piaster*

Philae

Die Insel mit dem berühmten Isis-Tempel geriet durch Assuans Staudämme in höchste Gefahr – schon der Stausee des ersten Dammes sorgte dafür, daß sie 10 Monate im Jahr unter Wasser stand, der zweite Damm ließ sie vollends untergehen. Die Tempelanlagen wurden auf der Nachbarinsel *Agilika* wieder aufgebaut. Allerdings ist die Atmosphäre des alten Philae mit schattigen Palmenhainen für immer dahin. Agilika ist kahl, auch die einst berühmten Wasserwirbel, die den Anschein erweckten, der Nil fließe sowohl nach Norden als auch nach Süden, ließen sich nicht künstlich nachahmen. Der Isis-Tempel stammt aus ptolemäischer Zeit, die Römer ließen das Hadrianstor und den nicht vollendeten Trajanskiosk anlegen. Letzterer ist wegen seiner vielgestaltigen Säulenkapitelle das beliebteste Fotomotiv. Ein kleiner Hathor-Tempel sowie ein Heiligtum des Imhotep vervollständigen die Anlage. *Eintritt: 20 LE*

Simeonskloster

Vom Aga-Khan-Mausoleum geht es etwa eine Viertelstunde durch die Wüste – per Kamel oder Esel, laufen kann man natürlich auch. Das Kloster, einst eines der größten Ägyptens, wurde im 7./8. Jh. erbaut. Wie eine Trutzburg wirken selbst heute noch die Ruinen. 1321 gaben die Mönche das Kloster auf, da in Assuan islamisch inspirierte Unruhen ausbrachen. Das ausgedehnte, 6 m hoch ummauerte Areal barg eine Basilika sowie großzügige Wohn- und Wirtschaftsgebäude für die Mönche.

Staudämme

Den ersten (Fertigstellung 1902) bauten die Briten; sie nahmen noch Rücksicht auf die Eigenart des Flusses und ließen die hohe Flutwelle mit dem fruchtbaren Schlamm ungehindert hindurchfließen, weniger aus ökologischer Einsicht, denn aus

OBERÄGYPTEN

Furcht vor einer Verschlammung des Wehrs. Lediglich die nachfolgende, weitgehend schlammlose Flut des Weißen Nils wurde aufgestaut, sie bedeutete keine Gefahr für die Turbinen. Seit dem Bau des Hochdammes *(Sadd Al Ali)* ist alles anders: Der wertvolle Schlamm verbleibt im Stausee, er fehlt den Fellachen, die statt dessen mit Kunstdünger nachhelfen müssen. Auch viel weiter im Norden, am Delta des Flusses, spüren die Bauern die Folgen des neuen Dammes. Die Versalzung der Böden schreitet voran. Andererseits konnte durch den Hochdamm und das nunmehr stetig fließende Wasser mehrmals im Jahr geerntet werden, auch die so nötige Produktion von elektrischer Energie ließ sich erheblich steigern. Der Bau des Dammes geriet zum Politikum. Nachdem die USA ihre Finanzzusage zurückgezogen hatten, wandte sich Gamal Abdel Nasser an die Sowjets, die deutschen Konstruktionspläne abänderten, so daß kein Durchlaß mehr war für den fruchtbaren Schlamm – aus Kostengründen wurde darauf verzichtet. Das Denkmal der sowjetischägyptischen Freundschaft, eine stilisierte Lotosblume aus Beton mit Aussichtsplattform, überdauerte die politischen Wechselfälle – von hier ☼ oben hat man einen großartigen Rundblick über den gigantischen Baukörper, aber auch über die weite blaue Fläche des Nasserstausees und die Wüste ringsum. Genehmigungen für den Aufstieg zur Plattform erhalten Sie am Kontrollposten kurz davor. Technische Daten des Dammes: 111 m hoch, 3,6 km lang, Breite an der Basis 1 km. Bis zu 2000 Megawatt Produktionskapazität, Gewicht ca. 90 Millionen Tonnen.

Unvollendeter Obelisk

Südlich der Cataract-Hotels geht es links in die Granitsteinbrüche, wo früher der begehrte roséfarbene Rosengranit gebrochen wurde. Wegen eines Sprungs im Stein konnte ein Obelisk dort nicht weiterbearbeitet werden und blieb, wo er war. *Eintritt: 10 LE*

MUSEUM

Museum auf Elephantine

Funde der Ausgrabungen auf der Insel. *Tgl. 8–17 Uhr*

EINKAUFEN

❂ Der Basar bietet alle nur denkbaren Souvenirs und vieles mehr. Stimmungsvoll: ein Bummel am Abend, in der Dunkelheit. Ein Tip: Hier finden Sie den besten Karkadeh, den roten Tee aus Hibiskusblüten. Die getrockneten Blüten werden für 2 bis 3 LE pro Pfund verkauft und halten sich sehr lange. Wer eine neue Hose braucht, kann dies hier schnell erledigen. Der Schneider Baharat im Souk der Stoffhändler ist ein lokales Original. Er wird Ihnen von seiner Vorliebe für Klaus Kinski erzählen und dabei Maß nehmen, innerhalb eines Tages können Sie Ihr neues Stück ausführen. Preise: Hose 15 LE, Top 10 LE. Die Gasse der Stoffhändler erkennen Sie schon von weitem an den ausliegenden Stoffballen und Kleidern. *Baharats Laden liegt – von der Corniche aus – nach etwa 150 m auf der rechten Seite der Gasse.*

HOTELS

Abu-Simbel-Hotel
Sehr preiswert schlafen Sie im Abu-Simbel-Hotel, direkt an der Corniche, der Garten ist ein beliebter Treffpunkt. *66 Zi., Sh. Corniche El Nil, Tel. 097/32 28 88, behindertengerecht, Kategorie 3*

Kalabsha-Hotel
❤ Das Kalabsha-Hotel, oberhalb der Cataract-Hotels, verfügt über eine sehr gute Aussicht. *120 Zi., Sh. Abtal El Tahrir, Tel. 097/32 29 99, Fax 32 59 74, Kategorie 2*

Old-Cataract-Hotel
❤ Stimmungsvoll, mit Atmosphäre und umwerfender Aussicht. Stilvoller Altbau, jedoch durch einen gesichtslosen Neubau ergänzt. 136 Zi. (im Altbau) und 144 Zi. im Neubau. *Sh. Abtal El Tahrir, Tel. 097/31 60 00/1/2/4, Fax 31 60 11, behindertengerecht, Kategorie 1*

RESTAURANTS

Selbstverständlich können Sie in Ihrem Hotel essen. Preiswert, aber keineswegs schlecht und mit guter Aussicht auf den Nil sind die kleinen Restaurants an der Uferseite der Corniche.

Isis-Hotel-Trattoria
Ein italienisches Lokal im Komplex des Isis-Hotels. *Corniche el Nil, Tel. 097/32 68 91, Kategorie 2*

Mona Lisa
❂ Hier essen auch die Felukenkapitäne. Probieren Sie den Mona-Lisa-Cocktail aus Karkadeh, Banane, Guave und Zitronensaft. Schöne Lage. *An der Uferseite der Corniche, Kategorie 3*

AM ABEND

Viel Nightlife gibt's hier nicht, Nachtclubs mit Bauchtanz und nubischer Folklore finden Sie im Cataract und Kalabsha. Ansonsten sitzt man in den vielen kleinen Cafés am Ufer oder im Garten des Abu Simbel.

AUSKUNFT

Tourist Information
Tourist Bazar, Tel. 097/32 32 97

Touristenpolizei
Tel. 097/231 63

ZIELE IN DER UMGEBUNG

Darau (E 5)
★ ❂ Dienstags ist Markttag in dem kleinen nubischen Dorf; östlich der Bahnlinie findet der wohl ursprünglichste Kamelmarkt des Landes statt. Aber auch die Souks westlich der Eisenbahn bieten ein unverfälschtes Bild; um Ziegen, Schafe oder Rinder wird gefeilscht, es herrscht ein fröhliches, buntes Treiben. *Sie erreichen Darau von Assuan aus mit Taxi oder Bus (ca. 30 km von Assuan).*

Kalabsha-Tempel (E 5)
Zur Zeit des römischen Kaisers Augustus wurde er dem nubischen Gott Mandalis geweiht. Auch er drohte in den Wassermassen des Stausees unterzugehen; in Einzelteile zerlegt, baute man ihn südlich des großen Staudammes wieder auf. Bei der Rettungsaktion kamen ältere Fundamente zum Vorschein – als Dank für die technische Hilfe der Bundesrepublik erhielt das Ägyptische Museum in Berlin das Tor,

OBERÄGYPTEN

das sich beim Zusammensetzen der Fundamente ergab. Es ist etwas schwierig hinzukommen, die Genehmigung der Militärbehörden (Sperrgebiet) muß rechtzeitig in Assuan beantragt werden, dann braucht man nur noch ein Boot.

Tempel von Abu Simbel (D 6)
★ Wer nicht in Abu Simbel übernachtet, sollte ganz früh aufstehen. Etwa 4 Autostunden dauert die Fahrt 280 km durch die Wüste zu den Tempeln. Einmalig: der Sonnenaufgang mitten in der Wüste. Die Hotels, aber auch private Fahrer organisieren die Tour, *Taxi: 150 bis 180 LE*. Für die Genehmigung der militärischen Stellen muß man am Abend zuvor seinen Paß dem Fahrer geben, der kümmert sich um alles. Es lohnt sich, früh dazusein: Ab 9 Uhr entladen die Flugzeuge von Assuan aus ihre Ladung, ganze Heerscharen von Touristen belagern dann den Platz. 20 m ragen die Kolossalstatuen von Ramses II. in die Höhe, die Tempel markierten die südliche Grenze Ägyptens und zeigten den Nubiern, wer hier das Sagen hatte. Auch die Reliefs über die Hethiterschlacht bei Kadesh, ein Lieblingsmotiv des Pharaos, besitzen eher Propagandacharakter, da die Schlacht keineswegs so siegreich für den Pharao ausging, sondern bestenfalls mit einem Unentschieden endete. Die genaue West-Ost-Ausrichtung des Bauwerks läßt bei Tagundnachtgleiche (22.2. bis 22.10.) die Sonne bis ins Allerheiligste scheinen. Der kleinere Tempel ist Hathor, vor allem aber Ramses' Gemahlin Nefertari geweiht, sie ist, wie er, in Riesengestalt in Stein verewigt. *Eintrittspreis: 30 LE*. Beide Tempel wurden dank einer technisch höchst aufwendigen Aktion gerettet, als der Stausee auch sie zu überfluten drohte. Das 42 Millionen-Dollar-Projekt in der Zeit von 1965 bis 68 erforderte eine gigantische Halbkuppel aus Beton, vor die die Felswand mit den Figuren fast

Abu Simbel: vier 20 m hohe Kolossalstatuen des Königs Ramses II.

fugenlos plaziert wurde. Werfen Sie einen Blick hinein: Der Tempel ragt 55 m in die Betonkuppel, aber auch im Tempelinneren, bei den Wandmalereien, ist nichts von Segmentierung, Auseinandernahme und Wiederaufbau am höheren, wassersicheren Platz zu bemerken. Übernachtungsmöglichkeit: *Hotel Nefertari, 122 Zi., Abu Simbel, Assuan, Tel. 097/31 64 02/3, Fax 31 64 04, Kategorie 2*

LUXOR

(**E4**) Eine Stadt, deren 80 000 Einwohner vom Tourismus leben: Bakschisch-Jäger und Nepppreise bestimmen das Bild. Entlang der – abends bei Sonnenuntergang stimmungsvollen – Corniche reihen sich die besseren Hotels, dahinter liegt das Basarviertel, es zieht sich bis zum Bahnhof der Stadt. Im Stadtgebiet auf dem Ostufer die Tempel von Luxor und Karnak, auf dem Westufer liegt das berühmte Tal der Könige, der Tempel der Hatschepsut, das Ramesseum und noch vieles mehr. Für all diese Sehenswürdigkeiten sollte man sich 3 Tage Zeit nehmen, leider werden die meisten Gruppenreisenden im Eiltempo durch die Tempel getrieben. Luxor liegt zum Teil auf den Ruinen von Theben, der Hauptstadt des Mittleren Reiches, Kultort des Amun und religiös-kultureller Mittelpunkt weit über das Mittlere Reich hinaus. Von der einstmals glanzvollen Residenzstadt, die Homer als »hunderttoriges Theben« rühmte, finden sich nur noch die beiden Tempelanlagen im Stadtgebiet, erhalten aber blieb die einzigartige Nekropole, in der alle Könige des Neuen Reiches bestattet wurden. An den Grabstätten, vor allem im Tal der Könige, herrscht ein zuweilen unerträglicher Rummel; wenn Sie sich von dem Ansturm der Bakschisch-Jäger erholen wollen (oder müssen) – die Terrasse des *Old Winter Palace* bietet hierfür einen stilvollen Rahmen. Aber auch eine Wanderung über die ❖ Felsen auf der Westseite schenkt neben Ruhe auch einen grandiosen Ausblick auf das fruchtbare Land und die felsige Wüstenlandschaft ringsum. Ein beliebtes Verkehrsmittel in der Stadt sind Pferdekutschen; sie sollten allerhöchstens 15 LE kosten. Auf dem Westufer kann man sich gut mit Fahrrädern fortbewegen (zu mieten am Bahnhof und bei mehreren Hotels), wobei Sie darauf achten sollten, daß Bremsen und Räder in Ordnung sind – ein platter Reifen wird selbstverständlich gern und sofort gegen viel Bakschisch repariert. Da die Entfernungen zwischen den einzelnen Stätten auf dem Westufer beträchtlich sind, empfiehlt sich für bequemere Zeitgenossen ein Taxi, das einen den ganzen Tag über begleitet. *Kostenpunkt: nicht mehr als 40–50 LE höchstens!* Ein Fährdienst verbindet die beiden Nilufer, es gibt eine etwas komfortablere Touristenfähre und die sogenannte Volksfähre, letztere benötigt eine halbe Stunde.

BESICHTIGUNGEN

In diesem Abschnitt ist die alphabetische Reihenfolge der beschriebenen Sehenswürdigkeiten nicht eingehalten zugunsten einer geographischen Folge.

OBERÄGYPTEN

Von den einst sechs Kolossalstatuen Ramses' II. beim Tempel in Luxor sind zwei erhalten

Luxor-Tempel

★ Direkt an der Uferstraße finden Sie ihn, erbaut von Amenophis III. und Ramses II., geweiht der *Triade von Theben*, wozu der Reichsgott Amun und die Götter Chons und Mut gehören. Zwei Kolossalstatuen von Ramses II. halten am Eingang Wache. Von den ursprünglich zwei Obelisken steht nur noch einer – sein Gegenstück ziert die Place de la Concorde in Paris, ein Geschenk Muhammad Alis an Frankreich. Eine Allee aus Sphingen, die einst die Tempel von Luxor und Karnak verband, führt zum Eingang, dessen Pylon die Kadesch-Schlacht gegen die Hethiter zeigt. Direkt links hinter dem Eingang stoßen Sie auf die Moschee des Abul Haggag. Scheich Yussuf Abul Haggag lebte und wirkte als Anhänger einer Sufi-Bruderschaft im Luxor des 11./12. Jhs. Sehenswert: sein Mulid am 14. Shabaan (1997: 11.12., 1998: 30.11.). Dabei wird im Zuge einer Prozession ein Boot durch die Straßen der Stadt getragen, eine Tradition, die ihre pharaonischen Ursprünge im Opet-Fest nicht verleugnen kann. Abends wird der Tempel angestrahlt, die schönste Zeit, ihn zu besichtigen. Sie können auch auf das Minarett der Moschee klettern – ein grandioser Rundblick über Tempel und Fluß ist Ihre Belohnung. *Tgl. 8–21 Uhr, Eintritt: 20 LE*

Karnak-Tempel

★ Unweit des Nils, gut 3 km vom Luxor-Tempel entfernt, erstreckt sich die ausgedehnte Anlage, an der viele Pharaonen bauten. 2000 Jahre Baugeschichte lassen sich nachweisen. Die neueren Bauten liegen am heutigen Eingang, zu dem ebenfalls eine Allee aus Sphingen führt. Die ältesten Teile finden sich ganz im Westen. Herzstück des Komplexes ist der *Amun-Tempel*, berühmt ist die Stätte jedoch vor allem wegen des *Säulenwaldes*, 134 Säulen mit Papyrus-Kapitellen rechts und links vom Mittelgang. Besuchen Sie auch das Freilichtmuseum links hinter der Hauptanlage – hier stehen ein *Schrein* der Pharaonin Hatschepsut und die *weiße Kapelle* des Senostris. Im Gegensatz zum Andrang im Tempelbezirk herrscht hier relative Ruhe. Zwei Obelisken ragen auch heute noch in den Himmel, der östliche stammt von Thutmosis I., 23 m hoch, 143 Tonnen schwer. Den anderen ließ Hatschepsut errichten, ein weiterer findet sich – umgestürzt – am heiligen See. Dieser See diente den Priestern für rituelle

Waschungen und Bootsfahrten. Am See liegt die Cafeteria, daneben ein Riesen-Skarabäus, von Amenophis III. als Symbol des Sonnengottes Re aufgestellt. Im Durchgang zum südlichen Tempelbezirk sehen Sie die *Israel-Stele* (Original im Ägyptischen Museum), die einzige altägyptische Erwähnung der Hebräer. Karnak wirkt verwirrend in seinen Ausmaßen und mit seinen vielfältigen Heiligtümern – erste Informationen und Übersichtskarten am Eingang erleichtern das Zurechtfinden. Am besten besucht man die Anlage am Nachmittag, dann besteht die Chance, den Platz mit seinen vielen Ruinen inmitten von Dattelpalmen in etwas mehr Ruhe auf sich wirken lassen zu können. Jeden Abend findet eine *Sound and Light-Show* in wechselnden Sprachen statt. *Tgl. 7–17 Uhr, Eintritt: 20 LE, Freilichtmuseum: 5 LE extra*

Westufer

Eintrittskarten für die Sehenswürdigkeiten gibt es am Tickethäuschen direkt am Ufer. Ermäßigte Studenteneintrittskarten verkauft das Inspektorat an der Straßenkreuzung hinter den Memnonskolossen.

Memnonskolosse

Rund 18 m hoch, allein die Füße 3 m breit – die Giganten bewachten einst den heute völlig verschwundenen Totentempel Amenophis' III. Die nördliche Figur wurde durch ihr »Singen« bekannt: Ein Erdbeben 27 n. Chr. sorgte für Spannungen im Stein, von der Morgensonne erwärmt, gab der Koloß ein Geräusch von sich, bis er in römischer Zeit restauriert wurde.

Tal der Königinnen

Das im Südwesten gelegene Seitental beherbergt etwa 70 Gräber; nicht nur Königinnen, auch Prinzen wurden hier bestattet. Das *Grab der Nefertari*, Gattin von Ramses II., wurde restauriert und ist wieder zugänglich, für maximal 150 Besucher pro Tag. *Extraeintritt: 100 LE.* Die anderen Gräber sind schlichter, sie beeindrucken durch die Frische ihrer Farben. *Eintritt: 12 LE*

Medinat Habu

Der Totentempel von Ramses III. liegt noch weiter südlich. Zumindest der Eingang erinnert an eine Festung – das *syrische Tor* ist einmalig in Ägypten. Die Gemächer im Toraufbau dienten als Harem – sie sind leider nicht zugänglich. Der Tempel selbst weist die übliche Abfolge der Räumlichkeiten auf – Pylone, Höfe, Säulensaal, Opferraum und Allerheiligstes. Direkt links am Eingang liegt eine Miniaturausgabe des königlichen Palastes – Ramses III. wollte auch im Jenseits nicht auf die gewohnte Umgebung verzichten.

Ramesseum

An der Hauptstraße in östlicher Richtung liegt dieser Tempel für Amun und Ramses II. Interessantestes Objekt der stark zerstörten Anlage ist die umgestürzte riesenhafte Kolossalfigur Ramses' II.

Deir al Medina (Gräber der Arbeiter)

Die Handwerker vom Tal der Könige nahmen sich ein Beispiel an ihren Pharaonen: Auch für sich selbst legten sie beeindruckende Grabstätten an.

OBERÄGYPTEN

Gräber der Noblen

Grabstätten von Beamten und Würdenträgern finden sich ebenfalls in diesem Gebiet. Nicht alle Gräber sind zugänglich, die geöffneten enthalten teilweise sehr gut erhaltene Reliefs, so im *Grab des Nacht* mit Szenen aus dem bäuerlichen Alltag und einem Bild, das Musikantinnen zeigt. Im *Grab des Ramose* kann man den stilistischen Übergang zur Malerei der Amarna-Zeit entdecken.

In den Siedlungen rechts und links der Hauptstraße werden Gefäße aus Alabaster hergestellt – viel billiger als in Kairo kann man sie hier erwerben. Werfen Sie einen Blick auf die »Pilgerhäuser«, so mancher der Bewohner bemalte sein Haus mit Szenen aus Mekka oder von der Reise dorthin.

Tempel der Hatschepsut

★ Links von der Hauptstraße zweigt der Weg nach *Deir al Bahri* ab, dort erhebt sich der *Tempel der Hatschepsut*. Die einzige Frau auf dem Pharaonenthron ließ eine architektonisch beeindruckende Anlage in die Landschaft integrieren, drei übereinander gestaffelte Terrassen nehmen die Steigung der Felsberge auf; oben liegt der eigentliche Totentempel. *Eintritt: 12 LE – falls geöffnet.*

Tal der Könige

★ Der Höhepunkt eines jeden Luxor Aufenthaltes. Die letzte und größte – Grabanlage wurde erst 1995 gefunden, alle 65 Gräber stammen aus dem Neuen Reich (18.–20. Dyn.). Ein Teil ist in alternierendem Wechsel geschlossen. Die Touristenströme mit Schweiß und feuchtem Atem

Terrassenanlage des Tempels der Hatschepsut: Landschaft und Architektur bilden eine Einheit

sind Gift für die Farben der Wandmalereien. Auch Fotografieren ist streng verboten, da das Blitzlicht den Farben schadet. Zu den schönsten Gräbern zählen Nr. 9 (Ramses VI.), Nr. 17 (Sethos I.), Nr. 34 (Thutmosis III.). Das berühmteste Grab – Tut-Anch-Amun –, Nr. 62, liegt direkt gegenüber der Cafeteria mit dem unvermeidlichen Souvenirrummel. Die Numerierung der Grabstellen erfolgte in der Reihenfolge ihrer Entdeckung. Viele Königsmumien aus den Gräbern ruhen heute im Ägyptischen Museum in Kairo. Wer die Atmosphäre dieses weltabgeschiedenen Tals inmitten der Felsen, ohne irgendeine Vegetation, genießen möchte, sollte ganz früh am Morgen kommen oder am späten Nachmittag. Auch ein Aufstieg auf die Bergkette über einen kleinen schmalen Pfad, der hinüberführt nach Deir Al Bahri, vermittelt ein wenig vom ❖ Genius loci. Die Aussicht von oben ist phantastisch. *Eintritt für 3 Gräber: 20 LE, Tut-Anch-Amun-Grab: 40 LE*

Totentempel des Sethos

Als Abschluß der Besichtigungstour bietet sich diese Sehenswürdigkeit an, etwa 4,5 km vom Tal der Könige entfernt in Richtung Flußtal gelegen. Sethos I. ließ den Tempel für sich und seinen Vater Ramses I. erbauen, aber erst Ramses II. vollendete schließlich den Bau. Es kann sein, daß der Tempel wegen Restaurierung geschlossen ist.

MUSEUM

Luxor-Museum

Ein idealer Einstieg in die Geschichte und Kunst von Theben. 1976 wurde das kleine, aber didaktisch hervorragend aufgebaute Museum eröffnet. Gezeigt werden, verteilt auf Erd- und Obergeschoß, Exponate vorwiegend aus dem Neuen Reich und hier speziell aus der 18. Dynastie. Fast alle Stücke stammen aus der näheren Umgebung. *Tgl. 16–21, im Sommer 17–22 Uhr, Eintritt: 10 LE*

EINKAUFEN

Als Touristenfalle könnte man ihn auch bezeichnen, den Basar von Luxor. Alle Formen von Kitsch sind vertreten, zu überhöhten Preisen, versteht sich. Auch die Arkaden am Winter Palace verkaufen die einschlägigen Souvenirs – und die sind Geschmackssache.

HOTELS

Emilio

Preiswert, aber dennoch gut ist das Emilio. *48 Zi., Sh. Yussef Hassan, Tel. 095/37 35 70, Fax 37 48 84, Kategorie 2*

Jolie Ville

Eine ganz andere Umgebung bietet das Mövenpick Jolie Ville auf der Krokodilinsel, inmitten eines üppigen Gartens auf einer Nilinsel gelegen. *334 Zi., Crocodile Island, Tel. 095/37 48 55, Fax 37 49 36, behindertengerecht, Kategorie 1*

Mena Palace

Auch für dieses Hotel gilt: preiswert und gut. *40 Zi., direkt am Nil an der Corniche, Tel. 095/37 20 74, Kategorie 3*

Old Winter Palace

Von der Atmosphäre her am schönsten ist das Old Winter Palace, eine ehemalige Residenz der ägyptischen Könige, an der Corniche gelegen. *238 Zi., Corniche el Nil, Tel. 095/38 04 22/3, Fax 37 40 87, Kategorie 1*

Santa Maria

Ebenfalls gut und preiswert. *48 Zi., Sh. Television, Tel. 095/37 26 03, 37 33 72, Kategorie 3*

Savoy-Hotel

Preiswert schlafen Sie auch im Savoy. *108 Zi., Sh. El Nil, Tel. 095/38 05 22/3/4, Fax 381 47 21, Kategorie 2–3*

RESTAURANTS

Am besten geht man in eines der vielen Hotels, die an der Corniche liegen, die meisten haben einen kleinen Garten oder eine Terrasse zu bieten.

Marhaba

Das Marhaba am Touristenbasar neben dem New Winter Palace (Corniche) bietet ägyptische Küche an. *Kategorie 2–3*

OBERÄGYPTEN

Luxor-Hotelrestaurant
Lädt mit seiner Veranda zum Verweilen ein, ein Drink sowie ein kleines Essen sind hier das richtige. *10, Sh. Maabad Luxor, Tel. 095/38 49 12, Kategorie 2*

Savoy-Restaurant
Das Restaurant des gleichnamigen Hotels hat eine ebenso schöne Veranda wie das Luxor.

AM ABEND

Man bummelt entlang der Corniche, sitzt auf einer Hotelterrasse; einen Nachtclub bietet das Old Winter Palace mit Bauchtanz und Schlangenbeschwörer.

AUSKUNFT

Tourist Information
Beim Touristenbasar am New Winter Palace, Tel. 095/82 21 50

Touristenpolizei
Tel. 095/82 21 20

Reisebüros
In den Arkaden beim Old Winter Palace sitzen viele Reisebüros, auch hier kann man Ihnen mit Informationen weiterhelfen.

ZIELE IN DER UMGEBUNG

Abydos (D 4)
Etwa 160 km stromabwärts von Luxor liegt einer der ältesten und bedeutendsten Plätze altägyptischer Geschichte. Schon in prähistorischer Zeit diente Abydos als Nekropole, ganz in der Nähe vermutet man This, die früheste antike Hauptstadt. Königsgräber aus der 1. Dynastie finden sich hier, und schon früh rankten sich Mythen um die uralte Kultstätte: So soll der Eingang zur Unterwelt in einer Lücke der westlichen Gebirgskette gelegen haben. Auch soll der Kopf des Osiris, nachdem Seth ihn zerstückelt hatte, hier begraben liegen. Schon während des Alten Reiches fanden regelrechte Pilgerfahrten nach Abydos statt, insbesondere, nachdem nicht mehr nur Könige, sondern auch normale Untertanen an der Wiedergeburt teilhaben durften. Jede Mumie ging auf die – mythische – Reise hierher zu Osiris. Mysterienspiele wurden aufgeführt, viele Stelen, von Pilgern errichtet, erzählen von den damaligen Festen.

Bedeutendstes Bauwerk ist der Tempel Sethos I. mit einigen besonders schönen Reliefs des Neuen Reiches. Ramses II. ließ den Tempel seines Vaters vollenden, für Historiker war besonders die »Königsliste« von Interesse – Sethos hatte hier seine Vorgänger fast vollständig auflisten lassen.

Ende 1991 fand man eine ganze Flotte von Booten, ähnlich der Sonnenbarke bei den Pyramiden von Gizeh.

Dendera (E 4)
Gut 60 km von Luxor entfernt steht die einstige Kultstätte der Göttin Hathor, die zusammen mit ihrem Sohn Ihi, dem Gott der Musik, seit dem Alten Reich hier verehrt wurde. Der heute zu besichtigende Tempel stammt jedoch aus ptolemäischer Zeit, Römer und Kopten hinterließen Spuren. Bemerkenswert ist die für Ägypten einmalige Darstellung eines Tierkreises, leider eine Replik, das Original wird im Pariser Louvre gezeigt. Eine der

Relief am Tempel der Hathor

wenigen Abbildungen Kleopatras, zusammen mit ihrem Sohn Caesarion, findet sich im Relief der südlichen Tempelaußenwand. *Eintritt: 6 LE*

Edfu (E 5)
★ Gut 100 km südlich von Luxor liegt der besterhaltene Tempel Ägyptens, der Horus-Tempel von Edfu. Auch er stammt aus ptolemäischer Zeit, aber die Anlage altägyptischer Tempel läßt sich hier gut studieren. Wahrzeichen des Heiligtums ist ein Falke aus Granit – Horus, der Falkengott, bewacht hier seinen eigenen Tempel. Viele Reliefs versinnbildlichen den Osiris-Mythos, in dem Horus als Sohn des Osiris mit Seth, dem Mörder seines Vaters kämpft. *Geöffnet tgl. 7–16 Uhr. Eintritt: 20 LE*

Esna (E 4)
Knapp 60 km südlich von Luxor liegt Esna mit seinem Tempel aus ptolemäischer Zeit. Die Römer bauten die Anlage weiter, von ihnen stammt auch die Darstellung eines römischen Kaisers in Gestalt des Pharaos. *Eintritt: 8 LE*

Kom Ombo (E 5)
Am Nil, auf einem Felsplateau den Fluß überschauend, liegt der Tempel von Kom Ombo. Bemerkenswert ist die Zweiteilung der Kultstätte, Horus und dem Krokodilgott Sobek geweiht. Besuchen Sie die Anlage bei Sonnenuntergang. Esna, Edfu und Kom Ombo kann man per Taxi oder Bus von Luxor aus erreichen, romantischer ist eine Felukenpartie, die Boote mieten Sie direkt an der Corniche. *Geöffnet tgl. 7–16 Uhr. Eintritt: 10 LE*

Sohag (D 4)
Auf halber Strecke zwischen Assiut und Luxor gelegen, wurde die Kleinstadt Sohag vor allem durch die beiden koptischen Klöster in ihrer Umgebung bekannt. »Deir Al Abiad«, das weiße Kloster, erhielt seinen Namen von den massiven Kalksteinmauern, die es wie eine weiße Festung erscheinen lassen. St. Shenuda, ein koptischer Heiliger, gründete es 440 n. Chr., in den besten Zeiten lebten hier 2000 Mönche. Das rote Kloster (Deir Al Ahmar), gut 5 km nördlich, wurde etwa zur gleichen Zeit aus roten Ziegelmauern errichtet. Beide Klöster ähneln sich in der Anlage, neben der Basilika finden sich Wohn- und Wirtschaftsgebäude.

MINIA

(D 3) 200 000 Einwohner zählt die lebhafte Universitätsstadt am westlichen Ufer des Nils, sie ist die Hauptstadt der umliegenden Provinz. Der Baumwollhandel brachte einen gewissen Reichtum in die Stadt – schöne Häuser und eine sehenswerte schattige

OBERÄGYPTEN

Uferpromenade werden Sie bei einem Bummel entdecken. Die Stadt erstreckt sich längs des Flusses, nach Westen hin begrenzt der Ibrahimiya-Kanal das Stadtgebiet. Besonders an Montagen (Markttag) herrscht buntes Treiben ✪ in den Souks.

BESICHTIGUNG

Kuppelgräber von Saujat Al Amwad/Saujat Al Maitin

★ Am rechten Nilufer, ca. 7 km südöstlich, liegt die Kuppelgräberstadt. Hier bestatten auch heute noch die Einwohner von Minia ihre Toten. Dreimal im Jahr besuchen sie ihre Verstorbenen und legen Datteln und Palmzweige nieder, vor allem aber herrscht eine Art Volksfeststimmung inmitten der Grabanlagen.

Die beste Aussicht auf das Kuppelmeer genießt man vom ❦ »roten Hügel« (Kom Al Ahmar) südlich der Nekropole, hier finden Sie auch Gräber aus pharaonischer Zeit.

HOTELS

Ibn Khassib Hotel
Einfach, aber gut. *20 Zi., 5, Sh. Ragab, Tel. 086/32 45 35, Fax 02/393 78 28, Kategorie 3*

Pullman Azur Nefertiti
Das Beste am Ort. *96 Zi., Corniche El Nil, Tel. 086/33 15 15/6 und 33 29 91, Fax 32 64 67, Kategorie 1–2*

RESTAURANTS

Café/Restaurant Nanni
✪ An der Uferpromenade liegt das Restaurant/Café Nanni in einem angenehmen schattigen Garten. *Kategorie 3*

AUSKUNFT

Informieren Sie sich am besten schon in Kairo, aber auch die genannten Hotels können Ihnen weiterhelfen.

ZIELE IN DER UMGEBUNG

Deir Al Adra (D 3)
Das »Kloster der Jungfrau« liegt gut 20 km nördlich von Minia entfernt, auf der Ostseite des Nils. Noch heute zieht es zu Marienfeiertagen einige Pilger in das nach einer Legende von Kaiserin Helena im 4. Jh. gegründete Kloster.

Felsengräber (D 3)
von Beni Hassan
Etwa 20 km südlich von Minia, bei Abu Qurkas, liegen auf der östlichen Nilseite die Grabstätten von Fürsten aus der 11. und 12. Dynastie. Nehmen Sie ein Taxi von Minia und bei Abu Qurkas die Fähre. Die Gräber enthalten Wandmalereien, die von Jagd und Fischfang, von Handwerkern und Bauern erzählen.

Hermopolis (D 3)
Gut 40 km von Minia entfernt liegt dieses antike Ruinenfeld nahe des Dorfes *Al Ash-munain*. Zu sehen sind Ruinen aus dem Mittlerem und dem Neuem Reich, einige Säulen des Thot-Tempels sowie Überreste einer ptolemäischen Stadtanlage.

Von der ehemaligen christlichen Basilika sind korinthische Säulen erhalten.

Etwa 6 km westlich liegt Tuna al Gabal, die Nekropole der antiken Stadt. *40 km von Minia, mit Taxi zu erreichen*

DAS DELTA

Wein aus dem Delta – dann an den Strand

*Genießen Sie
mediterrane Lebensfreude an schneeweißen Stränden
mit türkisblauem Meer*

Wer von Kairo aus durch das Delta nach Alexandria fährt und die Landschaft Oberägyptens noch im Kopf hat, der erlebt hier ein völlig neues Ägypten – tischeben ist das Land, und statt des gelben Staubes der Wüste beherrscht frisches Grün das Bild. Das Delta ist der große Garten Ägyptens, hier gedeihen Obst und Gemüse, Reis, Mais und Baumwolle. Jedes Stückchen Land ist bebaut, und der nach dem Bau des Assuan-Staudammes stetig fließende Nil ermöglicht mehrere Ernten im Jahr. Das Delta ist auch die Heimat der ägyptischen Weine, bis in ptolemäische Zeiten reicht die Tradition der Winzer zurück. Wer durch diese Landschaft fährt, kommt unmittelbar mit dem Leben der Fellachen in Berührung, mit ihrer Plackerei auf den Feldern, aber auch mit ihrer ansteckenden Spontaneität, ihrer einfach sympathischen Freundlichkeit Fremden gegenüber. An Sehenswürdigkeiten aus alter Zeit bietet das Delta fast nichts – die antiken Stätten wurden im Gefolge der intensiven Landwirtschaft im Laufe der Jahrhunderte einfach »überpflanzt«. Meistens durchfährt man das Delta, um nach Alexandria zu gelangen. Man kann einen Zwischenstopp in Tanta einlegen. Die Hauptstadt des Deltas besitzt eine sehenswerte Moschee, berühmt aber ist sie für das Mulid des Lokalheiligen Said Al Badawi, zu dem jedes Jahr unzählige Pilger strömen. In drei Fahrtstunden (mit der Eisenbahn) ist Alexandria von Kairo aus erreichbar. Die meisten Reisenden wählen diese bequeme Art, sich der Stadt Alexanders des Großen und der Königin Kleopatra zu nähern. Die einstige »Perle des Mittelmeeres« ist allerdings auch nicht mehr das, was sie mal war. Vom geistigen und kulturellen Zentrum der Spätantike, in dem Euklid lehrte, die Neo-Platoniker ihre Philosophie entwickelten und Eratosthenes zu der Einsicht gelangte, die Erde müsse eine Kugel sein, blieb nicht viel übrig. Die Stadt nimmt

Das schöne alte Alexandria, von seinen vielen Freunden liebevoll »Alex« genannt

den Besucher mehr durch ihre Atmosphäre gefangen denn durch die wenigen Sehenswürdigkeiten aus der Antike. Man lebt hier leichter, mediterraner als anderswo in Ägypten, Alexandria ist heute ein bevorzugter Badeort, die schönsten Strände liegen freilich außerhalb der Stadt. Zum Baden fahren auch viele Ägypter noch weiter westlich, nach *Marsah Matruh* – dieser Küstenabschnitt ist einer der schönsten, hier finden sich einmalige Badebuchten vor dem Hintergrund schneeweißer Felsen. Auf dem Weg dorthin passiert man Sidi abd El Rahman und die Gedenkstätten von El Alamein, wo Rommel im Zweiten Weltkrieg eine vernichtende Niederlage hinnehmen mußte; die riesigen Soldatenfriedhöfe – 90 000 Tote gab es hier – vermitteln einen beklemmenden Eindruck in der einsamen Landschaft. Östlich von Alexandria liegen Rosetta und Damietta, ersteres erlangte Berühmtheit durch den dreisprachig beschrifteten »Stein von Rosetta«, mit dem die Entzifferung der Hieroglyphen gelang. Das heutige Städtchen präsentiert sich pittoresk mit seinen Moscheen und hohen Häusern aus Ziegelmauerwerk. Hier ergießt sich der westliche Arm des Nils ins Mittelmeer. Damietta entwickelt sich zu einem großen Seehafen. Hier erreicht der östliche Nilarm das Meer. Es gibt noch eine zweite Verbindungsstraße von Kairo nach Alexandria, sie führt durch die Wüste, vorbei an den koptischen Klöstern im Wadi Natrun. Einst waren es um die 50, heute stehen noch vier. Wie Festungen wirken sie in der Landschaft – Bollwerke eines Eremitentums, das sich bereits im 4. Jh. konstituierte und heute wieder neuen Auftrieb erhält.

ALEXANDRIA

(**C1**) Badeort und moderne Großstadt – gut 3 Millionen Einwohner zählt sie heute, jedes Jahr im Sommer kommen Tausende Touristen hinzu, Ägypter und ausländische Urlauber gleichermaßen. Der Hafen ist Alexandrias Tor zur Welt, freilich wird heute nur noch der Westhafen genutzt, die östliche Bucht, gesäumt von Hochhäusern und Hotels, lädt ein zum Promenieren, zum Bummeln in frischer Meeresbrise. Kilometerlang zieht sich die Corniche hin, bis zum Montazah-Palast, einer ehemaligen Residenz der ägyptischen Könige. Im Süden begrenzt der Mariut-See das Stadtgebiet. Alexandria dehnt sich daher in die Breite, auch westlich des Hafens finden sich Vororte mit Badebuchten und Feriensiedlungen. In der Antike lag die Insel Pharos vor dem Hafen im Meer – hier erhob sich der als eines der Sieben Weltwunder gerühmte Leuchtturm, dessen Fundamente in der Festung Qait-Bays verbaut wurden.

Von der einstigen Insel ist heute nichts mehr zu sehen, Pharos wurde durch einen Damm mit dem Festland verbunden, der Damm ist heute so breit, daß mehrere Straßenzüge darauf Platz finden. Daran schließt sich die Innenstadt an, das Einkaufsviertel Atarin geht über in elegantere Geschäftsstraßen, je weiter man sich in östlicher Richtung bewegt. Zwischen Midan

DAS DELTA

Tahrir und der Sharia Nabi Danyal liegt das Stadtzentrum. Nichts erinnert hier mehr an die glorreiche Vergangenheit Alexandrias. Ein griechischer Einschlag ist dennoch spürbar – heute leben etwa 60 000 Griechen in der Stadt, es gibt viele griechische Restaurants.

Alexandrias Geschichte – ein Auf und Ab im Wechsel der Gezeiten. Der Hafen und das Meer brachten der Stadt die wirtschaftliche Prosperität zurück, die sie im Laufe der Jahrhunderte fast verloren hatte. Alexander der Große gründete die Stadt 331 v. Chr. als griechische Stadt an der Küste der Levante. Die Ptolemäer erkoren Alexandria zu ihrer Hauptstadt, und als Kleopatra in ihren Mauern Selbstmord beging, zählte die Metropole bereits 500 000 Einwohner und war zum Zentrum von Kultur und Wissenschaft des östlichen Mittelmeers herangewachsen. Um das Museion und die berühmte Bibliothek scharten sich Wissenschaftler aller Disziplinen. Auch unter römischer Ägide blieb der führende Rang Alexandrias erhalten, erst Christenverfolgungen und Pestepidemien veränderten das geistige Klima. Schon im 1. Jh. n. Chr. blühte hier die neue Religion, später entwickelte sich hier ein koptisches Zentrum mit einer reichhaltigen Infrastruktur. Jahrhundertelang hatte die Stadt, dem Meer zugewandt, nach Europa geblickt – heute ist Alexandria fest mit dem Hinterland verbunden, ohne jedoch die ihr eigene Atmosphäre zu verleugnen: Es ist die Mischung aus Europa und Orient, der Hauch von Vergangenheit, zusammen mit dem milden Mittelmeerklima, was diese Stadt so faszinierend macht.

BESICHTIGUNGEN

Amphitheater Kom El Dik
★ Wenn man die Sh. Nabi Danyal südlich in Richtung Hauptbahnhof geht, stößt man auf die Ruinen des 1963 freige-

---

MARCO POLO TIPS FÜR DAS DELTA

1 Amphitheater Kom El Dik
Das einzige Theater dieser Art in Ägypten (Seite 69)

2 Atarin-Viertel
Fundgrube für Antiquitäten und Trödel (Seite 71)

3 Badetage an der Küste bei Marsah Matruh
Schneeweiße Strände, Kalksteinfelsen und ein türkisblaues Meer laden ein (Seite 74)

4 Griechisch-Römisches Museum
Eine interessante und umfangreiche Sammlung aus Alexandrias großer Zeit (Seite 71)

5 Koptische Klöster im Wadi Natrun
Vier Klosteranlagen – imposante Zeugnisse christlicher Kultur inmitten der Wüste (Seite 73)

legten einzigen Amphitheaters in Ägypten. Die Ausgrabungen gehen weiter, gefunden wurden bisher Reste römischer Bäder, Gebäude und Straßenzüge, alles aus dem 3. Jh. n. Chr. *Tgl. 9 bis 16 Uhr, Fr Pause 11.30 bis 13.30 Uhr*

Fort Qait-Bay

Sultan Ashraf Qait-Bay ließ die Festung im 15. Jh. auf den Relikten des antiken Leuchtturms von Pharos erbauen. Das Fort dominiert den östlichen Hafen, es kann besichtigt werden. Hier gibt es auch ein kleines Schifffahrtsmuseum. *Das Fort liegt am nördlichen Ende der Sh. 26 July, tgl. 9–16 Uhr, Fr Pause 11.30 bis 13.30 Uhr*

Katakomben von Kom El Shukafa

In den gewachsenen Fels hinein geschlagen, ist dies die größte römische Grabanlage in Ägypten. In drei Stockwerken wurden die Gräber im 1./2. Jh. n. Chr. angelegt. Sie weisen eine sehr interessante Mischung ägyptisch-griechisch-römischer Stilelemente auf. *Sh. Abu Mansara, südwestlich vom Atarin-Viertel, tgl. 9–16 Uhr, Fr Pause 11.30 bis 13.30 Uhr*

Moschee des Abu Al Abbas Al Mursi

Die Moschee stammt aus dem späten 18. Jh.; sie wurde über dem Grab von Scheich Abu Al Abbas, der im 13. Jh. wirkte, errichtet, ein Meisterwerk islamischer Architektur. *Nicht weit vom Fort Qait-Bay an der Sh. 26. July*

Nekropole von Anfushi

Am Vorplatz des Ras-El-Tin-Palastes liegt der Eingang, die grie-

Die Altstadt von Alexandria hat ihren besonderen Charme

chischen Felsengräber aus dem 2. Jh. v. Chr. zeigen eine ägyptisch-griechische Stilmischung. Marmor- und Alabasterausschmückungen sind nicht echt – sie wurden aufgemalt. *Tgl. 9–16 Uhr, Fr Pause 11.30–13.30 Uhr*

Ras-El-Tin-Palast

Über der Einfahrt zum Westhafen thront das Schloß des Muhammad Ali, das die ägyptischen Könige bis zuletzt als Residenz nutzten. Für die Öffentlichkeit ist der Palast leider nicht zugänglich, er dient auch heute noch offizieller Repräsentation. *Sh. Bahariya, immer am Hafen entlang nach Norden*

Säule des Pompeius

Im Komplex des Serapeums, eines Heiligtums für Serapis, der ein ägyptisch-griechischer Gott war, blieb als einer der wenigen Überreste die imposante Säule erhalten. Um 300 n. Chr. zu Ehren Diokletians errichtet. Mit ihren 27 m Höhe ist sie Alexan-

DAS DELTA

drias höchstes antikes Monument, aus dem Rosengranit Assuans modelliert. *Nehmen Sie am besten ein Taxi zur Sh. Amud es-Sawari*

GÄRTEN UND PARKS

Alexandria verfügt über bemerkenswerte, herrliche Grünanlagen, deren Besuch unbedingt lohnt: Der *Garten des Montazah-Palastes* liegt ganz im Osten der Stadt am Strand, die *Nusha-* und *Antoniadis-Gärten* im Südosten; in letzteren befindet sich auch Alexandrias Zoo. Die beiden Gärten grenzen an den Mahmudiya-Kanal. Die reichhaltige, subtropische Pflanzenwelt und die angenehme Stille bieten einen idealen Platz zur Entspannung und Erholung nach der Hektik der Innenstadt. *Mit dem Taxi bis zum Md. Ismail Sirri fahren, dort beginnt die »grüne Lunge«*

MUSEEN

Griechisch-Römisches Museum
★ Das Museum zeigt eine sehr interessante und umfangreiche Sammlung griechischer und römischer Exponate. Die Zeitenwende von etwa 300 v. Chr. bis 300 n. Chr. wird hier dokumentiert. Alle Stücke stammen aus der Umgebung Alexandrias. *In der Museumsstraße Sh. Mathaf, Ecke Sh. Hurriya, im Westteil der Stadt, tgl. 9–16 Uhr, Fr Pause 11.30 bis 13.30 Uhr, Eintritt: 10 LE*

Hydrobiologisches Museum
Gegenüber dem Fort Qait-Bay, zeigt das Museum in 50 Aquarien die Meeresfauna der Küste sowie des Roten Meeres. *Tgl. 9–14 Uhr, Eintritt: 5 LE*

Juwelenmuseum
Hinter der Gouverneursresidenz beherbergt dieses Museum eine Sammlung königlicher Juwelen von Muhammad Ali bis zu Faruk. Auch das Museumsgebäude ist architektonisch interessant. *27, Sh. Ahmad Yahia im Stadtteil Gleem, tgl. 9–16 Uhr, Fr Pause 11.30–13.30 Uhr, Eintritt: 10 LE*

EINKAUFEN

Atarin-Viertel
★ Südlich der Sh. Mitwalli, nach Osten durch die Sh. Nabi Danyal begrenzt, erstreckt sich das Atarin-Viertel, Straßenzüge voll kleiner Geschäfte für Antiquitäten und Trödel. Man kann hier Stunden verbringen, umherstreifen, auch die Seitenstraßen lohnen sich. Der »Flohmarkt« bietet Gründerzeit- und Jugendstilobjekte, Glas und Porzellan. Interessant sind auch die Antiquariate, hier läßt sich immer wieder ein Schnäppchen machen.

Modernes aus Ost und West
Nördlich der Sh. Mitwalli, bis zur Sh. Nabi Danyal im Osten, der Corniche im Norden und bis zum Midan Tharir im Westen, finden Sie modernere Einkaufsstraßen mit Boutiquen und den Büros der Fluggesellschaften.

Souks – Alltag in Alexandria
◉ In nordwestlicher Richtung vom Md. Tahrir finden Sie die Souks, ein Einblick in den Alltag der Stadt.

HOTELS

Wer vor allem am Strand urlauben will, sollte ein Hotel an der westlichen bzw. östlichen Küste wählen, dort liegen die besten Strände. Der öffentliche Strand von Alexandria im Zentrum der Stadt ist erheblich weniger gepflegt.

Cecil Pullman
Von der Atmosphäre her ist das alte Cecil's am Md. Zaghloul zu empfehlen, eine Institution in Alexandria seit vielen Jahrzehnten mit altmodischem Charme und Stil. *87 Zi., 16, Md. Zaghloul, Ramlah Station, Tel. 03/483 48 56, 483 71 73, Fax 483 64 01, Kategorie 2*

Hannoville
Im westlichen Vorort Agami liegt das Hannoville. *157 Zi., Hannoville Beach, Tel. 03/430 32 58/ 4 30 31 38, Kategorie 2–3*

Metropole
Liegt wiederum im Stadtzentrum. Etwas antiquiert, aber sehr gemütlich. *82 Zi., Sh. Saad Zaghloul, Tel. 03/482 14 66/7, Fax 482 20 40, Kategorie 2–3*

Montazah Sheraton
Das Montazah-Sheraton liegt an der Corniche. *307 Zi., El Corniche, Tel. 03/548 05 50, 548 12 20, Fax 540 13 31, behindertengerecht, Kategorie 1*

Palestine
In der gleichen Preisklasse wie das nahe gelegene Sheraton, aber im Montazah-Garten, am Strand. *210 Zi., Montazah-Palace, Corniche, Tel. 03/547 40 33, 547 35 00, Fax 547 33 78, behindertengerecht, Kategorie 1*

RESTAURANTS

An der Küste wird vor allem Fisch serviert, besonders gut sind die Riesengarnelen *(gambari)* in Knoblauchsauce.

Athineos
Bietet Spiegel an den Wänden und orientalisch-französische Küche. Das Café öffnet schon morgens um 7 Uhr, hier befindet sich auch ein Nachtklub. *21, Sh. Saad Zaghloul Tel. 03/ 482 81 31, Kategorie 2–3*

Pastroudis
Besitzt ein Straßencafé, ein Restaurant und eine Bar. Berühmt wurde das Lokal durch Durrells Romantetralogie »Das Alexandria-Quartett«. *39, Sh. Al Hurriya, Tel. 03/492 96 09, Kategorie 2–3*

San Giovanni
Das Hotelrestaurant bietet guten Fisch. *205, Sh. Al Geish, an der Corniche, Tel. 03/96 02 80, 84 81 78, Kategorie 2*

Santa Lucia
In der Innenstadt, ist bekannt für gute europäische, vor allem italienische Küche. Zum Lokal gehört auch ein Nachtklub. *40, Sh. Safiya Zaghloul, Tel. 03/ 482 03 32, Kategorie 2*

Seagull
Im Westen der Stadt gelegen; bietet ebenfalls Fisch und andere Meerestiere. *Im Vorort El Max, Sh. Agami, Tel. 03/ 445 55 75, Kategorie 2*

Sephyrion
Es gilt als bestes Lokal im östlichen Vorort Abukir. Nehmen Sie sich ein Taxi, jeder im Dorf kennt das Restaurant direkt am Meer. Es lohnt sich, etwas weiter zu fahren. Hier geht man – wie in griechischen Tavernen – in die

DAS DELTA

Küche und sucht sich seinen Fisch aus. *Tel. 03/97 13 19 Kategorie 2–3*

AM ABEND

Bauchtanz finden Sie hier nicht so häufig. Man sitzt bis spät in die Nacht hinein in einem der vielen Cafés oder an der Uferpromenade oder flaniert auf und ab. Natürlich bieten die großen Hotels (Sheraton, Ramada etc.) in ihren Nachtclubs entsprechende Programme, aber die Atmosphäre der Stadt erschließt sich viel mehr bei einem ausgedehnten Bummel.

AUSKUNFT

Tourist-Information
Md. Saad Zaghloul, Tel. 03/80 79 85, und Ramlah-Bahnhof im Osten der Stadt, Tel. 03/80 76 11, 80 39 29

ZIELE IN DER UMGEBUNG

Abukir (C 1)
Einst schlug hier der legendäre Admiral Nelson die französische Flotte, und Napoleon mußte letztendlich nach Frankreich zurückkehren. Heute ist Abukir schon fast ein Vorort Alexandrias geworden, eine Besichtigung des Ortes lohnt sich eigentlich nicht, da dieser keinerlei Sehenswürdigkeiten bietet.

El Alamein (C 1)
Gut 100 km von Alexandria entfernt. Hier fand 1942 die Schlacht statt, in der das deutsche Afrika-Korps vernichtet wurde. Soldatenfriedhöfe, ein Museum sowie Denkmäler erinnern an diese Zeit.

Menas-Kloster (C 1)
Gut 20 km südlich liegt das Menas-Kloster, Überrest einer einstmals prachtvollen Stadt im 5./6. Jh. Inmitten der Ruinen stehen die Arkadios-Basilika, zwei weitere kleine Kirchen, ein Friedhof und einige Brunnen aus römischer Zeit.

Rosetta (C 1)
Der Stein, der die Hieroglyphen entschlüsseln half, steht heute im Britischen Museum – die kleine Stadt am westlichen Nilarm, etwa 45 km östlich von Alexandria, zeigt Moscheen (Zaghloul-Moschee) und schöne alte Häuser mit auffälligem Ziegelmauerwerk und vorragenden Gesimsen. Der Weg dorthin führt an Dattelpalmenhainen und kleinen Dörfern entlang, ein gemütlicher Halbtagsausflug.

Tempel von Abusir (C 1)
Knapp 50 km, diesmal in westlicher Richtung von Alexandria entfernt, liegen die Ruinen des Osiris-Heiligtums und der antiken Stadt Taposiris. In römischen Zeiten lag hier die Pilgerstadt Abu Menas mit einem Hafen, dessen Leuchtturm, ähnlich dem von Pharos, heute noch steht. Auf die Pylone des Osiris-Tempels können Sie aufsteigen: ein interessanter Aussichtspunkt.

Wadi Natrun (C 1)
★ Die Klöster im Wadi Natrun erreichen Sie über die Wüstenstraße, die Kairo mit Alexandria verbindet. Etwa auf halber Strecke westlich der Straße liegen die vier noch erhaltenen Klosteranlagen, einst waren es

weit mehr. Seinen Namen erhielt das Tal nach dem Natron, das hier aus den vielen kleinen Seen gewonnen wird, wenn sie im Sommer austrocknen. Früher nutzte man das Natron zur Einbalsamierung, heute dient das weiße Natron zum Bleichen von Leinen und findet auch bei der Glasherstellung Verwendung.

Die Klöster, im 4. Jh. gegründet, pflegen noch heute die Tradition eines asketischen Mönchtums, nicht immer sind die Anlagen für Besucher geöffnet. Von der Bauweise her ähneln sich alle, bis zu 10 m hohe Mauern umgeben die Klöster. Aus dem 9. Jh. stammen nur noch Gebäude des *Deir Amba Baramus*. Alle anderen Klöster wurden im Laufe der Zeit, vor allem auch in den letzten Jahren, vergrößert und erweitert. Es besteht wieder ein Interesse am Mönchtum bei jungen koptischen Männern. Von ihnen wird erwartet, daß sie vor dem Eintritt ins Klosterleben einen Beruf erlernt haben. Bei der Besichtigung der Klöster, neben *Deir Amba Baramus* noch *Deir Amba Bischoi, Deir El-Surjan* und *Deir Abu Makar*, wird kein Eintritt erhoben, die Mönche erwarten jedoch eine kleine Spende von Ihnen.

Das Rasthaus an der Wüstenstraße, unweit der Klosterkomplexe, bietet Gelegenheit zur Erfrischung. Viele Reisebüros und -unternehmen bieten einen Ausflug ins Wadi Natrun an, der einen guten halben Tag dauert. Auch vermitteln Hotels Taxis für diesen Ausflug.

MARSAH MATRUH

(B1) ★ 289 km von Alexandria entfernt liegt Marsah Matruh, für Touristen der Endpunkt der Küstenstraße, die weiter zur libyschen Grenze führt. Etwa 20 000 Einwohner zählt der Ort, der einige besonders schöne Badebuchten bietet. Es gibt eine Lagune mit ruhigem Wasser. Der Küste vorgelagert liegen Kalksteinriffe, dazwischen verkehrt eine Fähre, so daß man von einem Badestrand zum nächsten wechseln kann. Rechtwinklige Straßenzüge prägen das Bild der Ortschaft, die sowohl mit Auto als auch Eisenbahn angesteuert werden kann. Im Süden der Stadt liegt der Bahnhof, eine Straße führt geradewegs zum Meer, wo an der Corniche Stadtverwaltung, Touristinformation, Post und Telefonamt zu finden sind.

Einst ließ Kleopatra hier einen Palast anlegen, erhalten blieb das »Bad der Kleopatra«; etwa 9 km westlich der heutigen Stadt liegt dieser »natürliche Swimmingpool«, eine Lagune. Noch weiter westlich geht es zum Ageeba-Strand, einer weiteren schönen Badebucht, rund 25 km vom Haupttort entfernt. Während der Sommermonate quillt Marsah Matruh über.

Fruchtbare Landschaft am Nil

DAS DELTA

HOTELS

Beau Site
An der Spitze einer Landzunge liegt das Beau Site, das früher als schönstes Hotel der Stadt galt. *139 Zi., Sh. Al Shaty, Tel. 03/93 40 12, 93 20 66, Fax 93 33 19, Kategorie 2*

Hotel Negresco
Seit Jahren ein Familienbetrieb, bietet unteren Mittelklassekomfort. An der Corniche gelegen. *68 Zi., Sh. El Corniche, Tel. 03/93 44 91/2, Kategorie 2–3*

Hotel Arouss El Bahr
Die »Meeresbraut«, so die deutsche Übersetzung, liegt direkt am Ufer. Einfach, sauber; im Besitz der Stadtverwaltung. *54 Zi., Sh. El Corniche, Tel. 03/93 24 19, 93 24 20, Kategorie 3*

RESTAURANTS

Alle genannten Hotels verfügen über Restaurants. *Viele Hotels und Restaurants schließen von Oktober bis Mai*, erst dann startet die neue Saison.

AM ABEND

Großes Nightlife à la Kairo dürfen Sie hier auf keinen Fall erwarten – gewöhnlich bummelt man über die Corniche und nimmt einen Drink in einem der Hotels, die an der Uferstraße liegen.

AUSKUNFT

Tourist-Information
An der Corniche, dort, wo die Straße zum Bahnhof abzweigt, Tel. 03/31 92

ZIEL IN DER UMGEBUNG

Sidi abd El Rahman (C 1)
Immer an der Küstenstraße entlang erreicht man nach 154 km dieses Dorf mit einem schönen Badestrand. Eine empfehlenswerte Unterkunft ist das Hotel *El Alamein*, das direkt am Strand des Dorfes liegt. *209 Zi., Tel. 03/492 12 28, Fax 492 12 32, Kategorie 2*

TANTA

(D 1) Hauptstadt des Deltas mit etwa 200 000 Einwohnern. Bemerkenswertestes Bauwerk der Stadt ist die schöne Moschee des Lokalheiligen Said Ahmad Al Badawi im Stil einer türkischen Kuppelmoschee. Al Badawi wurde 1200 n. Chr. im marokkanischen Fes geboren, sein Grab befindet sich in der Moschee. Sein ✪ Mulid am 10. Oktober eines jeden Jahres zieht wahre Heerscharen von Pilgern in die Stadt, eine riesige Zeltstadt außerhalb des Ortes wird von den lokalen Scheichs dafür bereitgestellt.

HOTEL

Arafa
Tanta verfügt nur über ein Hotel, das Touristen empfohlen werden kann. Es ist das Arafa am Bahnhofsplatz. *45 Zi., Md. Al Mahatta, Tel. 040/33 69 52 und 33 69 53, Fax 33 18 00, Kategorie 3*

AUSKUNFT

Am besten informieren Sie sich schon in Kairo oder Alexandria.

SINAI UND ROTES MEER

Schillernde Unterwasserwelt

An der Küste ein Tauch- und Badeparadies, im Landesinneren zerklüftete Felsformationen und karge Wüste – die Heimat der Beduinen

Sinai und Rotes Meer – für viele ein Synonym für ungetrübte Badefreuden vor der Kulisse von Felsen und Wüste. Aber nicht nur Schwimmer finden hier genügend »Auslauf«, vor allem Taucher haben hier eine paradiesische Unterwasserwelt. An der Ostküste des Sinai und am Roten Meer liegen Korallenriffe mit einer unglaublichen Vielfalt von bunten Fischen und anderem Meeresgetier in glasklarem Wasser. Aber auch die Küste des Mittelmeers bietet erholsame Ferien am Wasser: Unter ausgedehnten Bilderbuch-Palmenhainen an einem schneeweißen Strand hat sich in El Arish, dem lebhaften Hauptort des Nord-Sinai, ein Urlaubszentrum entwickelt.

Wer die Küsten hinter sich läßt und sich dem Inneren der Sinaihalbinsel zuwendet, entdeckt eine neue, faszinierende Welt – die Felswüste des Hochsinai. Mit ihren atemberaubenden Cañons und Schluchten, bizarren Felsformationen, von der Erosion in Jahrtausenden modelliert, bietet sie Einsamkeit und absolute Ruhe inmitten der fast vegetationslosen grandiosen Landschaft ringsum. Seit alters her wird der Sinai von Beduinen bewohnt, die mit ihren Tieren die Wüsten durchstreifen. Viele von ihnen fanden eine neue Erwerbsquelle: den sprunghaft ansteigenden Touristenstrom, für den sie Camps, Jeeps sowie Kamele bereithalten und Führungen veranstalten. An der Westküste des Sinai liegen große Erdölfelder, die Bohrtürme beherrschen dort das Bild.

Der gesamte Sinai kann mit Überlandbussen in komfortabler Ausstattung erreicht werden. Buchung in Kairo; dies gilt auch für die Flugtickets der Air Sinai. Der Bus nach Israel, der Kairo mit Tel Aviv und Jerusalem verbindet, startet jeden Morgen, außer samstags, früh um 5 Uhr in Kairo. Er fährt die Strecke Kairo – El Kantara – El Arish-Raffah, dort ist die Grenzstation, dort muß man in einen israelischen Bus umsteigen.

Hier auf dem 2 285 m hohen, kargen Berg im Sinai soll Moses die Gesetzestafeln empfangen haben

EL ARISH

(**E1**) ★ Mittelpunkt des Nordsinai, am Ausgang des Wadi Arish gelegen, mit weißem Strand und Bilderbuch-Palmenhain, ideal, um sich zu erholen. Entlang der Küste zieht sich die eine Hauptstraße, hier verlief in alten Zeiten die Via Maris. Die andere Hauptstraße führt in südlicher Richtung zum Bahnhof (nur für Überlandbusse). In dieser Ecke finden Sie auch den ✪ Souk, der vor allem durch sein Obstangebot bemerkenswert ist; berühmt sind die Pfirsiche des Sinai, von Juli bis August zu haben. Rechts vom Bahnhof führt eine Straße zu den Resten der Zitadelle von Sultan Suleiman aus dem 16. Jh. Interessanter als die Mauerreste ist jedoch allemal der Beduinenmarkt, jeden ✪ Donnerstag wird er an dieser Stelle abgehalten. Abends ist hier nicht viel los, essen gehen kann man in den Hotels, ansonsten gibt es hier kein Nightlife.

HOTELS

Oberoi
Eine Bungalowsiedlung, die von der Oberoi-Kette geführt wird. *226 Zi., Sh. Farik Abu Zakry (direkt am Meer), Tel. 064/35 13 21/2 und 35 13 27, Fax 35 23 52, behindertengerecht, Kategorie 1*

Sinai Beach-Hotel
Billiger wird's im Sinai Beach, ebenfalls an der Uferstraße. *30 Zi., Sh. Fuad Zakry, Tel. 064/ 34 17 13, Kategorie 2*

Sinai Sun
Es liegt an der Einmündung der Straße zum Bahnhof, aber noch in der Nähe der Küstenstraße. *54 Zi., Sh. 26. July, Tel. 064/34 18 55, 34 38 55, Kategorie 3*

AUSKUNFT

Tourist-Information
Es gibt zwar ein Touristen-Informationsbüro an der Küstenstraße, bessere Auskünfte erhalten Sie aber in den Hotels.

ZIEL IN DER UMGEBUNG

Suez-Kanal-Zone (E 2)
195 km ist er lang, der Suez-Kanal, der sich von der Stadt *Suez* im Süden bis nach *Port Said* am Mittelmeer zieht.

500 Jahre v. Chr. entstand erstmals eine Verbindung zwischen Mittelmeer und Rotem Meer. Im Laufe der Jahrhunderte versandete die Wasserstraße, die nach der arabischen Eroberung Ägyptens wieder schiffbar gemacht wurde. 767 kam die endgültige Zerstörung, um Medina, dessen Getreideversorgung über den Kanal lief, auszuhungern; es hatte sich gegen den Kalifen Abu Djafar Al Mansour erhoben. Der heutige Suez-Kanal wurde im 19. Jh. erbaut, am 17.11. 1869 feierte man Eröffnung. Nach dem Juni-Krieg von 1967 blieb die Wasserstraße geschlossen, erst 1975 wurde sie erneut geöffnet.

Die Städte entlang des Kanals haben dem Touristen nicht viel zu bieten, viel Bausubstanz wurde während der militärischen Auseinandersetzungen zerstört, viele Bewohner flüchteten nach Kairo. *Ismailiya* ist heute eine Stadt mit 200 000 Einwohnern, viele Ferienhäuser von Ägyptern stehen hier und an

SINAI UND ROTES MEER

MARCO POLO TIPS FÜR SINAI UND ROTES MEER

1 Antonius- und Pauluskloster
Inmitten der Wüste, über die Küstenstraße am Roten Meer entlang (Seite 82)

2 El Arish
Ein Badeparadies mit weißem Strand und Palmenhainen (Seite 78)

3 Ras Muhammad
Der südlichste Punkt des Sinai, Felsen, Wasser und Wüste (Seite 82)

4 Nuveiba
Ein Kameltrip durch die Felswüste Ost-Sinai (Seite 81)

5 Katharinenkloster
Inmitten der Felsen ein Hort jahrhundertealter christlicher Tradition (Seite 79)

6 Hurghada
Ein neues Ferienzentrum am Roten Meer, ideal für Taucher und sonstige Wassersportler (Seite 83)

---

den Bittersseen in der näheren Umgebung. Nach Norden folgt *El Kantara*, der Busreisende nach El Arish muß hier die Fähre benutzen. Port Said und seine Schwesterstadt Port Fuad zählen zusammen etwa 285 000 Einwohner, die seit 1975 bestehende Freihandelszone brachte neue Wirtschaftsimpulse in die Region. *Suez*, am Südende, durch den Krieg 1967 völlig zerstört, hat heute wieder 265 000 Einwohner. Nördlich von Suez verbindet der Ahmad-Hamdy-Tunnel die Halbinsel Sinai mit dem ägyptischen Festland.

KATHARINENKLOSTER

(E3) ★ Einst die Hauptattraktion des Sinai, malerisch unterhalb des Moses-Berges *(arabisch = Gebel Musa)* gelegen und eine Welt für sich.

Sowohl mit Überlandbus als auch mit dem Flugzeug erreichbar, wobei der Bus auf jeden Fall vorzuziehen ist – die Strecke hierher gilt als die reizvollste des Hochsinai.

1570 m hoch liegt das Katharinenkloster, von Kaiser Justinian 527 n. Chr. an der Stelle errichtet, wo einst der »brennende Dornbusch« gestanden haben soll aus dem, nach biblischer Überlieferung, Gott dem Moses erschien. Das griechisch-orthodoxe Kloster, *geöffnet für Besucher Mo bis Do und Sa von 9 bis 12 Uhr*, besitzt eine berühmte Bibliothek mit Tausenden alter Manuskripte und eine Ikonensammlung aus byzantinischer Zeit, die ihresgleichen sucht. Die Mönche veranstalten Führungen und betreiben ein kleines Hostel, das um 21 Uhr geschlossen wird. Seinen Namen erhielt das Kloster nach der heiligen Katharina, deren Gebeine in der Basilika ruhen.

HOTELS

Daniela Village
Sehr einfach, aber sauber ist dieses Bungalowhotel unweit des

Das Katharinenkloster liegt malerisch unterhalb des Moses-Berges

Klosters, in der Stadtmitte gelegen. Im Winter dicke Pullover mitbringen – gelegentlich streikt die Heizung. *54 Zi., Tel. 02/348 26 71 und 348 67 12, Fax 360 77 50, Kategorie 2–3*

St. Catharine Tourist Village
Im Wadi El Raha, liegt das St. Catherine Tourist Village, das beste Haus am Platz. *100 Zi., Tel. 062/77 02 21 und 77 04 56, Fax 77 02 21, behindertengerecht, Kategorie 1*

ZIELE IN DER UMGEBUNG

Blaue Wüste (E 2)
1980 kam Jean Verame, ein belgischer Künstler, auf die Idee, mit blauen Farbtupfern die Wüstenlandschaft zu bereichern. Daraufhin malte er einige Felsen blau an. Die »Landschaftsmalerei« bescherte dem Ort eine ganz eigene, sehr reizvolle Stimmung: Das Blau der Felsen vor dem Hintergrund roter und brauner Natursteine, darüber der immer blaue Himmel, in völliger Stille, verführen zum Innehalten und zum Genießen. Anfahrt: mit dem Taxi von St. Catherine aus etwa 16 km bis zum Hochplateau.

Dahab (F 3)
Ideal für Sportlernaturen: Tauchergründe und die umliegenden Berge bieten jedem ein Betätigungsfeld. Unterkunft im: *Dahab Novotel Holiday Village, 142 Zi., Tel. 062/64 03 05/4/3/1, Fax 64 03 05/1, Kategorie 2*

Mosesberg (Gebel Musa) (E 2)
Der Aufstieg muß in aller Herrgottsfrühe beginnen, damit man oben den Sonnenaufgang erlebt. In der morgendlichen Dunkelheit erklimmen deshalb viele Touristen den 2285 m hohen Berg, auf dem Moses die Gesetzestafeln empfangen haben soll, ein entsprechendes Gedränge herrscht dann. Zwei Wege führen hinauf: eine Treppe mit 3000 Stufen oder der bequemere Fußweg, der am Kloster beginnt. Sie müssen etwa zwei Stunden für den Aufstieg bis zum Gipfel rechnen, aber auch auf diesem

SINAI UND ROTES MEER

Weg sind auf dem letzten Stück noch 700 Stufen zu erklimmen. Bis zu den Stufen ist auch ein Kameltrip für rund 30 LE möglich. Ein Tip: Der Sonnenuntergang ist fast genauso schön. Und freitags und sonntags, wenn das Kloster geschlossen ist, klettern weniger Zeitgenossen nach oben.

Oase Feiran (E 2)
Gut 60 km vom Katharinenkloster entfernt an der Straße nach Abu Rudeis liegt die Oase mit über 1000 Einwohnern, umgeben von Palmenhainen. Auch hier finden Sie Spuren christlicher Besiedlung: Feiran war vom 4. bis 7. Jh. Bischofssitz; ein kleines Nonnenkloster, zum Katharinenkloster gehörend, steht noch heute. Von der ehemaligen Kathedrale sind jedoch nur mehr einige Mauerreste erhalten. Wer den kleinen ☼ Hügel mit den Überresten der Kirche besteigt, hat einen schönen Überblick über die Oase.

NA'AMA BAY

(F 3) Eines der Badeparadiese an der Ostküste des Sinai, nur wenige Kilometer von Sharm El Sheikh entfernt gelegen, aber mit erheblich besseren Tauch- und Schnorchelmöglichkeiten. Hier entsteht eine richtige Hotelstadt.

HOTELS

Fayrouz Village
Von Hilton geleitet, das beste Hotel am Platze. *150 Zi., Tel. 062/60 01 36 und 60 02 66/ 7/8/9, Fax 60 01 36, behindertengerecht, Kategorie 1*

Sanafer
Viel Atmosphäre. Preiswert, mit gutem Restaurant. *68 Zi., Tel. 062/60 01 97/8, Fax 60 01 96, behindertengerecht, Kategorie 3*

NUVEIBA

(F 2) Bevor Taba zu Ägypten kam, war dies der nördlichste Badeort am Golf von Aqaba. Wer den ganzen Tag mit Tauchen oder Schnorcheln verbracht hat, sollte den ☼ Sonnenuntergang hinter der westlichen Bergkette genießen, auch hinüber nach Saudi-Arabien bietet sich ein hervorragender Blick.

★ Nuveiba ist ein idealer Ausgangspunkt für Kameltrips. Eine lokale Berühmtheit, die Schweizerin Rima, verheiratet mit einem Beduinen, organisiert Kamele oder auch Jeeps für ausgedehnte Rundtouren. Sie finden sie an der Hauptstraße von Nuveiba im Büro »El Khan«.

Von Nuveiba aus verkehrt regelmäßig eine Fähre zum jordanischen Aqaba, *ein Visum ist dort für etwa 60 Mark erhältlich. Preis der Überfahrt (Dauer: ca. 4 Std.) in der 1 Kl. mit Air-Conditioner: 18 US-$.*

HOTELS

Hilton Coral Resort
6 km außerhalb des Ortes, von daher relativ ruhige und neue Anlage direkt am Strand; viel Komfort. *200 Zi., Tel. 062/ 52 03 20/1/2, Fax 52 03 27, behindertengerecht, Kategorie 1*

Sally-Land Tourist Village
Einfach, aber sauber und preiswert. *68 Zi., Tel. 062/153 03 80/1, Fax 53 03 81, behindertengerecht, Kategorie 3*

SHARM EL SHEIKH

(**E 3**) Südlichster Ort des Sinai, mit Na'ama Bay zusammen das Tauch- und Badeparadies des Südsinai, wobei die besseren Möglichkeiten freilich in Na'ama Bay liegen. Der Ort ist quasi zweigeteilt: Oben auf dem Felsplateau, das die Bucht überschaut, und unten direkt an der Bucht, gruppieren sich die Anlagen.

HOTELS

Coral Bay Hotel
Wie ein maurisches Dorf mit viel orientalischem Charme. Fischrestaurant. *280 Zi., Tel. 062/60 08 35/ 7/8, Fax 60 08 43, Kategorie 1*

Falcon Al Diar
Erst vor kurzem neueröffnetes, einfacheres Haus. Kostenloser Shuttle-Service zum Tauchzentrum Ras Um El Sid. *47 Zi., Tel. 062/60 08 26/7/8, Fax 60 08 26, Kategorie 2–3*

Halomy Village
Oben auf dem Kliff gelegen, daher von Terrassen und Zimmern hervorragende Aussicht auf die Bucht. *70 Zi., Tel. 062/60 06 81-4, Fax 60 01 34, Kategorie 1–2*

ZIELE IN DER UMGEBUNG

Antonius- und Paulus-Kloster (**E 2**)
★ Von Ras Safarana 50 km nach rechts in die Wüste, unterhalb einer hohen Felsenwand liegt das Kloster des hl. Antonius. Er gilt als Vorläufer späterer Eremiten, die nach seinem Tod 356 das Kloster gründeten. Antonius ist hier auch begraben, die Anlage ist, trotz ihrer Zerstörung im 15. Jh. und anschließendem Wiederaufbau, noch immer Anziehungspunkt für Pilger. Architektonisch interessant sind die vielen Kuppeln auf den Dächern der Kirchen.

Ca. 25 km nach Ras Safarana geht es rechts zum 12 km entfernten Paulus-Kloster. Mittelpunkt ist die Grotte, in der Paulus bis zu seinem Tode lebte.

Empfehlenswert wegen der unberührten Felsenlandschaft ist eine Wanderung von einem Kloster zum anderen. Erkundigen Sie sich nach einem Führer beim Kloster, allein ist der Weg schwierig zu finden.

Beide Klöster sind gut auch mit dem Taxi von Hurghada zu erreichen. Kosten – je nach Verhandlungsgeschick – zwischen *150 und 250 LE.*

Ras Muhammad (**E 3**)
★ Die Südspitze des Sinai, etwa 20 km von Sharm El Sheikh entfernt, bietet ganz hervorragende Tauchgründe, fischreich und mit glasklarem Wasser; die Unterwasserwelt der Korallenriffe hier gilt als ein einziges Paradies. Die Halbinsel ist nur durch einen schmalen Landstreifen mit dem Festland verbunden. Die ganze Südspitze steht unter Naturschutz, am Eingang muß Eintritt gezahlt werden. Am besten macht man die Tour mit dem Taxi von Sharm El Sheikh aus, *Preis ca. 150 LE für den Tag.*

Ras Safarana (**E 2**)
Die Küstenstraße von Suez entlang am Meer zu fahren ist ein herrliches Erlebnis, die Felszüge der Arabischen Wüste reichen häufig dicht ans Wasser heran. Die einsamen Badebuchten verführen zum Schwimmen, jedoch

SINAI UND ROTES MEER

ist Vorsicht geboten: Noch immer liegen Minen herum, achten Sie sicherheitshalber darauf, nur dort zu baden, wo auch schon andere vor Ihnen den Strandabschnitt betraten. Gut 125 km nach dem Ort Suez erreichen Sie Ras Safarana, den Ausgangspunkt für die Besichtigungen der beiden Klöster.

Taba (F 2)

Der letzte Streitpunkt zwischen Israel und Ägypten, das Dörfchen Taba, wurde im Jahre 1989 an Ägypten zurückgegeben. Unter ägyptischer Regie steht seither das Luxushotel am Platze (*Taba Hilton, 326 Zi., Tel. 062/53 01 40, Fax 578 70 44*); außer baden, tauchen und in der Sonne liegen kann man hier Kameltrips unternehmen oder auf den in der Nähe liegenden ❄ Paß Ras El Naqb klettern – eine wunderbare Aussicht über die grandiose Felslandschaft. Das israelische Eilat ist nah, wer einen Kurzurlaub beim Nachbarn plant, braucht ein Re-entry-Visum der Ägypter, das man sich bereits in Kairo besorgen sollte.

HURGHADA

(E 3) ★ Der größte und am besten ausgebaute Ort an der Küste. Vom internationalen Flughafen über Luxushotels findet sich alles, was man zum Badeurlaub so braucht, Tauchstationen bieten ihre Dienste an, man hat den Eindruck, daß hier rund um die Uhr gebaut wird. Immer neue Hotels jeder Kategorie entstehen, mehr als 20 km (!) zieht sich die Retortenstadt in die Länge, ein Ende ist nicht absehbar.

Attraktion des Ortes sind natürlich die Korallenriffe, per Tauchgang oder Glasbodenboot zu erkunden. Ansonsten: Wassersport, Ausflüge zur Insel Giftun und Sonnenbäder.

HOTELS

Hotel Arabia
Gute Mittelklasse, etwas außerhalb des Ortes. Einziges Haus mit »hauseigenem« Riff. *360 Zi., Tel. 065/44 87 90/3/4, Fax 44 87 96, Kategorie 2*

Giftun Tourist Village
Ausgedehnte Bungalowanlage am Strand mit eigenem Tauchcenter. *391 Zi., Tel. 065/44 26 66/7, Fax 44 26 66, Kategorie 2*

Sheraton – Hurghada
Ein Rundbau am Strand. *85 Zi., Tel. 062/44 17 30 und 44 07 79, Fax 348 82 17, behindertengerecht, Kategorie 1*

Quseir Sirena Beach
Nubische Architektur; beim malerischen Städtchen Quseir 1,5 Autostd. südl. von Hurghada gelegen. Von *Mövenpick* geleitet, der Geheimtip z. Zt.; an der Küste. *120 Zi., Tel. 088/43 21 00/2, Fax 43 21 28, Kategorie 1*

White House
Am Stadtrand, 200 m zum Meer; einfach und gut – ideal für junge Leute! *30 Zi., Tel. 065/44 36 88; Fax 54 92 49, Kategorie 3*

RESTAURANTS

Alle Hotels verfügen über mehrere Restaurants.

AUSKUNFT

Tourist Information
Sh. Misr Bank, Tel. 062/405 13

OASEN

Eine Welt für sich

*Seit Jahrhunderten scheint
die Zeit in den Oasen stillzustehen*

Vor kurzem noch war sie eine fast völlig abgeschiedene Welt, die Welt der Oasen. Vor allem deshalb galten sie einst als Geheimtip, heute jedoch herrscht schon ein relativ reger Tourismus. Vorbei sind die Zeiten, als Dattelpalmenhaine und Obstgärten die einzige Lebensgrundlage der Oasenbewohner bildeten. Bei Bahariya begann man mit dem Abbau von Eisenerz, in anderen Oasen werden zunehmend landwirtschaftliche Entwicklungsprojekte in Angriff genommen. Dennoch: Die Sozialstruktur der Oasendörfer ist noch intakt, auch Traditionen stehen hier nach wie vor hoch im Kurs. Insofern findet der Tourist auch heute noch eine völlig andere Welt vor, die man auch durch angemessene Kleidung respektieren sollte.

Etwas Grundsätzliches zu Wüstentouren: Diese Trips sind keine Spazierfahrten. Das gilt vor allem für Off-Road-Touren. Wenn man nicht in einer organisierten Tour mitfährt (viele Reisebüros in Kairo bieten sie an), sollte man unbedingt auf ein Höchstmaß an Sicherheit achten, Trinkwasser- und Treibstoffvorräte gehören zu den notwendigen Requisiten genauso wie ausreichende Lebensmittelkonserven, Sandblech und Schaufel. Auch ein dicker Pullover und ein ebenso dicker Schlafsack dürfen nicht fehlen: Nachts kann es, vor allem im Winter, empfindlich kalt werden, und die Resthouses in den Oasen bieten nur allereinfachste Unterkünfte. Aber so eine Tour gewinnt natürlich einen ganz eigenen Reiz, wenn man im Camp oder Auto übernachtet. Eine Nacht unter freiem Himmel gehört, besonders in der Weißen Wüste, zu den ganz besonderen Abenteuern, die dieser Teil Ägyptens auch heute noch bietet.

OASEN/WEISSE WÜSTE

Wir haben bei der Darstellung der Oasen auf die alphabetische Systematik verzichtet, um Ihnen die Oasenreiseroute zu beschreiben.

Bahariya (C 3)
★ 341 km von Kairo entfernt liegt die nördlichste der westlichen Oasen mit dem Hauptort Bawiti malerisch inmitten der Berge. Mehr als 15 000 Men-

Eine Traumwelt öffnet sich in der Weißen Wüste: Kreidefelsen wachsen aus dem Wüstensand

MARCO POLO TIPS FÜR DIE OASEN

1 Oase Bahariya
Sehens- und erlebenswert sind alle Oasen, aber auf keinen Fall versäumen: Oase Bahariya (Seite 85)

2 Weiße Wüste
Für Wüstenfans ein Muß: die Weiße Wüste zwischen Bahariya und Farafra (Seite 86)

schen leben hier von ausgedehnten Dattelpalmen- und Obstkulturen, aber auch die nahegelegene Mine bietet neuerdings Arbeitsplätze. Bawitis Häuser sind dekorativ bemalt. Manche Frauen tragen noch den traditionellen Schmuck, einen Nasenring nebst Arm- und Fußreifen. Südwestlich von Bawiti können Sie Reste römischer Anlagen entdecken, darunter ein sehenswertes Grab. Das *Hotel Alpenblick*, von einem Schweizer so getauft, verfügt über sehr (!) einfache Übernachtungsmöglichkeiten, es liegt in Bawiti, erste Querstraße links hinter der Moschee am Ortseingang. Für die Weiterfahrt zur Oase Siwa brauchen Sie eine Genehmigung der Militärs, für die Fahrt zur Oase Farafra derzeit nicht. Vorsichtshalber aber noch mal nachfragen!

Weiße Wüste (C 3)
★ Der Weg nach Farafra führt durch die Weiße Wüste, so genannt nach den weißen Kalksteingebilden dieser Landschaft. Die bizarren Blöcke und Formationen, von der Erosion im Laufe von Jahrtausenden geschaffen, sind ein Meisterwerk der Natur. Wenn irgend möglich, übernachten Sie einmal hier draußen; das ist besonders stimmungsvoll in Vollmondnächten, wenn das fahle Mondlicht die weißen Kalksteinmonumente illuminiert. Sowohl von Bahariya als auch von Farafra aus werden Off-Road-Touren in die Weiße Wüste angeboten.

Farafra (B 3)
Die kleinste und westlichste der Oasen zählt nur etwa 1500 Einwohner, 180 km liegt sie von Bahariya entfernt. Auch hier bestimmen schattige Dattelpalmenhaine und Obstplantagen das Bild; in der ausgedehnten Ebene entstehen immer neue landwirtschaftliche Siedlungen. Kurz vor dem Ortseingang liegt *Saads Restaurant*; der Besitzer spricht gut deutsch und ist eine gute Informationsquelle für alles, was mit der Oase zusammenhängt. Ursprünglich stand in Farafra eine Speicherburg, die Schutz vor Angriffen räuberischer Beduinen bot. Leider stürzte sie 1958 ein, nur ein Trümmerhaufen erinnert daran. Die Häuser scheinen am Hügel zu kleben, unten liegt der Hauptplatz mit einer Moschee. Besuchen Sie auch das *Farafra Art Museum* am Ortseingang. Sein Initiator, der Lehrer und Maler Badr, hat mit viel Enthusiasmus Szenen der Oase in naive Malerei umgesetzt.

OASEN

Dakhla (C 4)

Über 35 000 Einwohner bevölkern die Oase, die landschaftlich besonders anziehend gelegen ist. Wegen ihrer roséfarbenen Felsen in der Umgebung wird sie auch »Rosa Oase« genannt. Grüne Felder sowie schattige Wege laden zu einem stimmungsvollen Spaziergang ein. Unbedingt sehenswert: *El Qasr*, einst Hauptort der Oase mit mittelalterlichem Ortskern und Lehmziegelmoschee, deren westliches Minarett Sie besteigen können, ein einmaliger Rundblick über das alte, sehr malerische Dorf bietet sich von oben. Heute ist *Mut* der Hauptort der Oase, gut 50 km entfernt. Am zentralen Platz liegen das staatliche Hotel *Tourist Home* und die Touristen-Information. Auch der Busbahnhof befindet sich hier; von ihm aus starten Überlandbusse zum Niltal und die Busse für die Strecken innerhalb der Oase. Es verkehren außerdem auch Taxis.

Farafra, die kleinste und westlichste Oase

Oase Bahariya. Hier finden Sie Reste römischer Anlagen

Kharga (D 4)

197 km östlich von Dakhla in einem weiten Talkessel liegt die vierte der westlichen Oasen. Die Fahrt hierher führt durch eine sehenswerte Wüstenlandschaft. Etwa 20 km von Kharga finden Sie große Sanddünen. Kharga ist Teil des »New Valley Projects«, das einerseits den Ausbau der Landwirtschaft, andererseits die Neuansiedlung von Bewohnern aus dem Niltal fördert; auch Nubier fanden hier eine neue Heimat. Aufgrund der Modernisierungen vermittelt Kharga nicht mehr unbedingt den Charme einer ursprünglichen Oase. Das beste Hotel ist das *Oasis Kharga*, auch New Valley Hotel genannt. Schräg gegenüber liegt das Tourist Office, alles direkt am Ortseingang. Khargas Infrastruktur ist »entwickelter«, so gibt es beispielsweise einen Club mit Schwimmbad. Die Altstadt liegt im Südosten mit einem kleinen ✦ Souk. An Sehenswürdigkeiten bietet sich der *Hibis-Tempel* an, der besterhaltene Tempel der ägyptischen Oasen, er stammt aus der Perserzeit. Er liegt noch vor dem Ortseingang. Noch weiter nördlich gelangt man nach Al Bagavat, einer christlichen Nekropole mit Kuppelgräbern und Basilika aus dem 4. bis 7. Jh. Von Kharga aus geht es 237 km nach Norden, dann ist Assiut im Niltal erreicht.

Die gesamte Oasenstrecke kann man mit öffentlichem Bus befahren, Ausnahme: Siwa; Kharga verfügt auch über einen kleinen Flugplatz.

Siwa (A 2)

Malerische, zum Teil morsche (!) Lehmhäuser in der Altstadt (El Shali) aus dem 13. Jh.; prächtige Aussicht vom ✦ Gebel Dakhrour auf gelbe Sanddünen, leuchtend blaue Seen und grüne Dattelpalmenhaine. Schon in der Antike berühmt: Kleopatras Quelle und das Amun-Orakel. Alexander der Große ließ sich hier zum Pharao krönen. Bescheidene Unterkunft bietet das *Hotel Cleopatra südlich vom zentralen Marktplatz, Kategorie 3*; noch einfacher schlafen Sie im *Siwa-Hotel. Tourist-Information bei der Post.* Ein Tip: Hier gibt es zum Teil geschmackvolle Silberarmreifen in einer eigentümlichen, gelblichen Legierung.

PRAKTISCHE HINWEISE

Von Auskunft bis Zoll

Hier finden Sie kurzgefaßt die wichtigsten Informationen und Adressen für Ihre Ägyptenreise

AUSKUNFT

Ägyptisches Fremdenverkehrsamt
Kaiserstr. 64 a, 60329 Frankfurt/ Main, Tel. 069/25 21 53, Fax 23 98 76

Ägyptische Botschaft
Kronprinzenstr. 2, 53173 Bonn, Tel. 0228/95 68 30, Fax 36 43 04

Außenstelle Berlin:
Waldstr. 15, 13156 Berlin, Tel. 030/ 477 10 48, Fax 477 10 49

Konsulate
Südstr. 135, 53175 Bonn, Tel. 0228/95 12 70, Fax 951 27 20
Eysseneckstr. 34, 60322 Frankfurt/ Main, Tel. 069/59 05 57/8, Fax 597 21 31
Harvestehuder Weg 50, 20149 Hamburg, Tel. 040/410 10 31, Fax 410 61 15

Ägyptische Botschaft in Österreich
Raffelsperger Gasse 32, 1190 Wien, Tel. 01/478 88 00, Fax 478 88 00 27

Ägyptische Botschaft in der Schweiz
Elfenauweg 61, 3006 Bern, Tel. 031/352 80 12/3, Fax 352 06 25

ARZT

Es gibt in Kairo sehr qualifizierte Ärzte, die gut Englisch sprechen. Fragen Sie Ihre Botschaft oder im Hotel. Die Behandlung muß meist in Devisen bar bezahlt werden. Das beste Krankenhaus in Kairo ist das *As Salam International Hospital im Vorort Maadi, Tel. 02/3 50 78 78, 3 50 71 96, 3 50 74 24.*

AUTOVERMIETUNG

Avis-Kairo
16. Sh. Maamel al Sukar, Tel. 02/354 70 81

Sixt Budget-Kairo
5 Sh. Al Magrizi, Tel. 02/342 00 84
Preise für einen Kleinwagen: 43–60 US-$ pro Tag, 280–392 US-$ pro Woche. Voraussetzung: internationaler Führerschein, Mindestalter von 21 Jahren.

BAHN

Empfehlenswert sind nur die Schlafwagen (»Supersleeper«) sowie die 1. Klasse mit Air-conditioning. Wichtig: Karten im voraus kaufen und Platz reservieren lassen! Toilettenpapier nicht vergessen! Studenten erhalten bei Vorlage ihres Internationalen Studentenausweises Ermäßigung. Preisbeispiele: 1 Kl. mit Air-conditioning, Kairo–Assuan 60 LE, im »Super-Sleeper« 330 LE.

BANKEN

In den großen Hotels gibt es einen Bankschalter, der meist rund um die Uhr geöffnet ist. Sie können aber auch bei anderen Banken tauschen. In den Bankschaltern der großen Hotels werden auch Eurocheques akzeptiert. Kreditkarten nehmen die großen Hotels und einige Restaurants und Geschäfte. Bewahren Sie die Umtauschquittungen bis zur Ausreise auf! Banken haben freitags geschlossen.

BOTSCHAFTEN UND KONSULATE

Botschaft der Bundesrepublik Deutschland
8, Sharia Hassan Sabri, Kairo-Zamalek, Tel. 02/341 00 15

Deutsches Konsulat in Alexandria
15, Rue des Pharaones, Tel. 03/545 70 25

Botschaft der Republik Österreich
Ecke Sharia El Nil/Sharia Wissa Wassef, Tel. 02/570 29 75

Österreichisches Konsulat in Alexandria
Sharia Eglise Debbane, Tel. 03/80 88 88

Botschaft der Schweiz
10, Sharia Abdel Khalek Sarwat, Tel. 02/575 81 33, 575 82 84

Schweizerisches Konsulat in Alexandria
8, Sharia Muhtar Abdel Hamid Khallaf, Tel. 03/471 32

BUSSE

Es gibt ein dichtes Netz von Busverbindungen. Für Touristen interessant sind die Überlandbusse zum Sinai (Air-conditioning, Platzreservierung). Vorausbuchung notwendig.

CAMPING

Wildes Campen ist grundsätzlich möglich, wird aber nicht überall gern gesehen. Bei nur ganz wenigen offiziellen Campingplätzen kann man auch im Auto übernachten.

FOTOGRAFIEREN

Militärische Anlagen, Brücken, auch der Suez-Kanal sind tabu. Frauen lassen sich aus religiösen Gründen nicht immer fotografieren. In Gräbern darf nicht fotografiert werden, Videokameras sind dort ebenfalls verboten. Filme sind sehr teuer.

INLANDFLÜGE

Egypt Air bedient die Strecken Kairo–Luxor–Assuan–Abu Simbel, Kairo–Hurghada, Kairo–Alexandria, Kairo–Sinai. Preisbeispiel: Kairo–Assuan: 500 LE, Kinder 250 LE (bis zum 12. Lebensjahr).

KLEIDUNG

Normalerweise reicht leichte, sommerliche Kleidung. Im Winter, aber auch für Wüstentrips

PRAKTISCHE HINWEISE

und Ausflüge auf den Sinai ist für abends ein dicker Pullover anzuraten. Nehmen Sie bequeme, feste Schuhe mit.

KREUZFAHRT AUF DEM NIL

Viele Unternehmen bieten Kreuzfahrten an, die Schiffe verkehren zwischen Assuan und Luxor, seltener bis hinauf nach Kairo. Für Abenteuerlustige kommt auch ein Segeltörn mit einer Feluke in Betracht; diese Boote mieten Sie direkt in Luxor, besser noch in Assuan.

Typisches Nilboot-Hotel

PASS – VISUM

Für die Einreise benötigen Sie einen noch 6 Monate gültigen Reisepaß und ein Visum, das Sie entweder beim Konsulat/Botschaft oder direkt im Flughafen/Hafen erhalten. Letzteres ist billiger. Innerhalb von sieben Tagen nach Ankunft müssen Sie sich polizeilich melden. Normalerweise übernimmt dies das Hotel, ansonsten müssen Sie zur Polizei, in Kairo zur *Mugamma*, dem zentralen Verwaltungsgebäude am Midan Tahrir.

Wer einen Ausflug nach Israel plant, braucht ein Re-entry-Visum zur Wiedereinreise. Wenn Sie mit dem Bus nach Israel fahren, erhalten Sie einen ägyptischen Ausreisestempel von Taba oder Raffah, jeder andere arabische Zöllner kann dann erkennen, daß Sie in Israel waren, und wird Sie nicht hineinlassen. Für andere arabische Länder (Ausnahme: Jordanien) brauchen Sie dann einen neuen Paß. Wer von Nuveiba mit der Fähre nach Aqaba (Jordanien) will (Dauer: 4 Std., 18 US-$, 1. Kl. mit Air-conditioning) kann das jordanische Visum dort gegen eine Gebühr von etwa 60 Mark bekommen. *Wichtig*: Arabische Stempel im Paß schaden Ihnen nicht in Israel, wohl aber ist umgekehrt die Einreise in arabische Länder mit israelischen Sichtvermerken nicht möglich, mit Ausnahme Ägyptens und Jordaniens.

POST – TELEFON

Postämter *(arab. busta)* gibt es überall, auch Hotels leiten Ihre Briefe und Karten weiter. Portogebühren: 100 Piaster für einen Luftpostbrief, 100 Piaster für eine Ansichtskarte (nach Deutschland). Luftpostbriefkästen sind blau. Ein Telefongespräch nach Deutschland kostet etwa 30 Mark (ca. 5 Minuten Dauer). Am besten telefoniert es sich vom Hotel aus.

Vorwahl nach Deutschland: 0049
Vorwahl nach Österreich: 0043
Vorwahl in die Schweiz: 0041
Vorwahl nach Ägypten: 0020

REISEZEIT

Die beste Reisezeit liegt zwischen November und April.

TOURISTENPOLIZEI

Eine ägyptische Besonderheit, sie soll den Touristen helfen und vermeiden, daß sie übers Ohr gehauen werden. Kenntlich an den grünen Armbinden mit der Aufschrift *tourist police*.

Kairo
*5, Sh. Adli, Tel. 02/91 26 44,
an den Pyramiden, Tel. 02/85 02 59,
am Flughafen, Tel. 02/96 52 39.*

Alexandria
Am Hafen, Tel. 03/44 27

ZOLL

Zollfrei sind alle Dinge des persönlichen Bedarfs, 1 Kamera, 200 Zigaretten, 1 l Alkohol. Für Filmkameras oder Kassettenrecorder ist eine Zollerklärung notwendig, diese Dinge werden in Ihren Reisepaß eingetragen und bei der Ausreise kontrolliert. Für größere Barbeträge in Devisen müssen Sie eine *Devisendeklaration* ausfüllen. Nach Deutschland dürfen Sie u. a. einführen: Waren im Wert von 350 Mark, 1 l Alkohol, 200 Zigaretten.

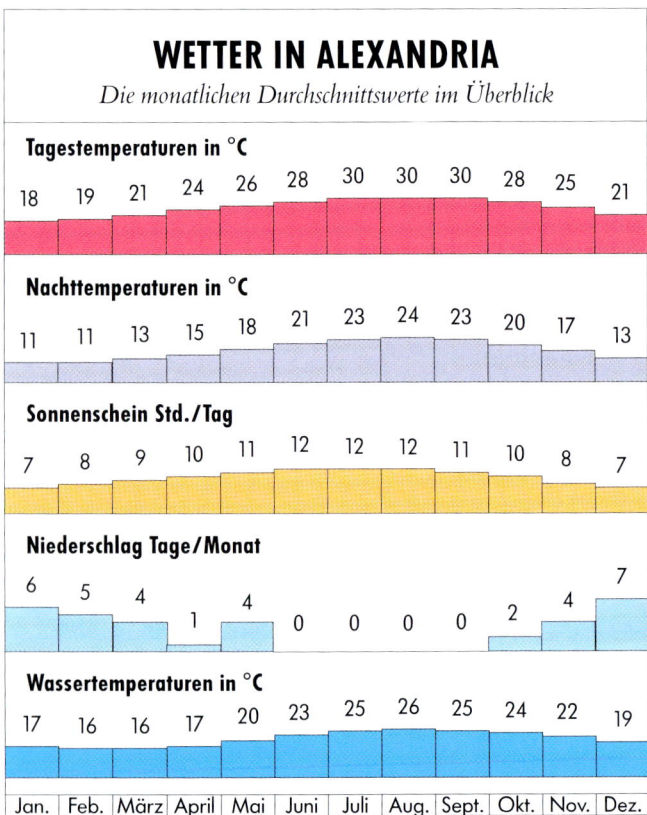

WETTER IN ALEXANDRIA
Die monatlichen Durchschnittswerte im Überblick

Tagestemperaturen in °C

Jan.	Feb.	März	April	Mai	Juni	Juli	Aug.	Sept.	Okt.	Nov.	Dez.
18	19	21	24	26	28	30	30	30	28	25	21

Nachttemperaturen in °C

11	11	13	15	18	21	23	24	23	20	17	13

Sonnenschein Std./Tag

7	8	9	10	11	12	12	12	11	10	8	7

Niederschlag Tage/Monat

6	5	4	1	4	0	0	0	0	2	4	7

Wassertemperaturen in °C

17	16	16	17	20	23	25	26	25	24	22	19

WARNUNG

Bloß nicht!

*Handeln gehört in Ägypten
zum Leben, doch es gibt besondere Touristenfallen,
die Sie vermeiden können*

Bakschisch und Nepp

Es ist schwierig, konkrete Plätze/Geschäfte zu benennen. Reinfallen können Sie überall, jeder Händler wird Sie mit Vergnügen übers Ohr hauen, wenn Sie nicht handeln können. Jeder Kameltreiber wird seine Bakschisch-Forderungen so hoch treiben, wie Ihre Nerven es aushalten. Und jeder Taxifahrer denkt, ein Tourist aus Europa sei eine wandelnde Bank. Wenn Sie den gröbsten Nepp umgehen wollen, so meiden Sie die Standtaxis vor den Hotels, die Fahrer verlangen Mondpreise, oft das Drei- bis Vierfache des Normaltarifs. Handeln Sie im Basar so hartnäckig wie möglich, stellen Sie Preisvergleiche an! Kaufen Sie nichts vor Gräbern und Tempeln, die Eingänge werden regelrecht belagert von Händlern, die Kitsch und Ramsch, alles selbstverständlich antik und original, an den Mann beziehungsweise an die Frau bringen wollen. Eine ausgesprochene Touristenfalle ist der Basar von Luxor. Allenfalls an den Pyramiden von Gizeh findet sich ähnlicher Nepp. Wenn Sie nicht unbedingt eines der angebotenen Stücke haben wollen, warten Sie, bis Sie in Assuan sind – dort gibt es ähnliches zu erheblich niedrigeren Preisen. Selbst der Kairoer Khan-El-Khalili-Basar ist, obwohl deutlich auf Touristen ausgerichtet, Luxor vorzuziehen.

Bettelnde Kinder

Bettelnde Kinder können zum Problem werden – wenn Sie einem etwas geben, müssen Sie die ganze Kinderschar beglücken. Außerdem ist das, was Sie geben, nie genug, immer werden Sie um einen »Nachschlag« angegangen werden.

Kreditkarten

Wenn Sie im Basar oder in typischen Souvenirshops mit Kreditkarten bezahlen, so achten Sie beim Ausfüllen des Formulars darauf, daß der Händler beim Preis keine Ziffer davorsetzen oder hinten eine 0 hinzufügen kann, sicher ist sicher.

Möchtegern-Führer

Gerade an den Pyramiden, aber auch in Theben-West bieten sich selbsternannte Führer an – verscheuchen Sie sie, die Pyramiden können Sie auch allein besichtigen, und lassen Sie sich nicht beirren: Die Besichtigung der Pyramiden von außen kostet 20 LE, nicht mehr. Karten für die Grabkammern und Parkscheine, wenn Sie mit einem Privatauto kommen, gibt es am Ticket Office und nirgendwo sonst, schon gar nicht bei Ihrem Möchtegern-Führer. Letzteres gilt auch für die Sehenswürdigkeiten in Theben-West, so mancher verdient sich gern ein paar Pfund nebenbei, wenn Touristen dumm oder unwissend genug sind und auf die vermeintliche Hilfsbereitschaft hereinfallen.

Kleingeld unbedingt bereithalten

Wer keine 1-LE-, 50- oder 25-Piaster-Scheine zur Hand hat, erlebt schon mal eine Überraschung: Der Taxifahrer, Händler oder Kameltreiber kann nicht wechseln, wenn Sie ihm eine 5- oder 10-Pfund-Note reichen (von 20-Pfund-Scheinen gar nicht zu reden). Ob er wirklich nicht wechseln kann oder einfach versucht, für die Tour ein paar Pfund mehr zu erhalten, läßt sich nicht immer feststellen, deshalb: Grundsätzlich immer 10 LE in kleinen Scheinen parathalten.

Taxis am Flughafen

Gerade wer zum erstenmal nach Ägypten kommt und nicht in einer organisierten Gruppe reist, steht am Kairoer Flughafen erst einmal hilflos herum, bedrängt von aufdringlichen »Helfern«, die einem ein Taxi anbieten. Es sind durchaus nicht immer lizenzierte Taxifahrer, auch Privatleute, die ein bißchen nebenher verdienen wollen, halten ihr eigenes Auto bereit – zu immensen Preisen, versteht sich. Taxis mit Lizenz sind immer schwarz-weiß, aber auch diese Fahrer versuchen, so viel wie möglich aus dem ahnungslosen Touristen herauszuholen. Dann gibt es noch schwarze Limousinen mit Festpreisen (25 LE Flughafen – Innenstadt). Die schwarz-weißen Taxis fahren aber auch für die Hälfte – wenn man nicht entnervt das Handtuch wirft und »freiwillig« mehr zahlt. Ägypter zahlen übrigens erheblich weniger. Und noch eins: Achten Sie darauf, vor allem als alleinreisende Frau und besonders, wenn Sie spätabends ankommen, daß, bevor Ihr Taxi den Flughafen verläßt, ein Polizist sich Ihr Fahrziel und die Nummer des Taxis notiert – sicher ist sicher, und die Polizei ist gehalten, gerade in solchen Fällen besonders aufmerksam zu sein.

Provokationen vermeiden

Man kann es nicht oft genug sagen, auch wenn es belehrend klingt: Kleiden Sie sich so, daß Sie die Ägypter nicht unnötig provozieren. Sie sollten weder kurze Hosen (dies gilt auch für Männer!) noch kurze Röcke tragen, enge, ausgeschnittene T-Shirts vermeiden und auch ärmellose Blusen sollten nicht sein. Dies alles schützt zwar nicht generell vor Anmache, aber wer sich überhaupt nicht daran hält (und dazu gehören leider allzu viele Touristinnen), der darf sich über eindeutige aufdringliche Angebote nicht wundern. Machen Sie sich klar, daß Sie in einen völlig anderen Kulturkreis reisen, in dem völlig andere Vorstellungen von Moral, Sex und der Rolle der Frau herrschen, und respektieren Sie dies für die kurze Zeit, die Sie hier – als Gast in diesem Land – verbringen.

REGISTER

In diesem Register sind alle in diesem Führer erwähnten Orte, Oasen, Moscheen, Pyramiden und Sehenswürdigkeiten verzeichnet. Hauptnennungen sind halbfett gedruckt, Fotohinweise kursiv. Folgende Orte werden abgekürzt: Kairo (K), Assuan (AS), Alexandria (AL), Sinai (S), Luxor (L), Minia (M)

Orte/Oasen

Abukir 73
Abu Simbel 57
Abydos 63
Alexandria 6, *66*, **68**, 92
Al Fayum **46**, *47*
Amarna 52
Assiut 51
Assuan 8, 10, *12*, **52**, 91, 93
Bahariya 85
Blaue Wüste (S) 80
Dahab 80
Dakhla 87
Damietta 68
Darau 7, **56**
Edfu 64
El Alamein 68, **73**
El Arish 6, **78**
El Kantara 79
Esna 64
Farafra 86
Haraniya 46
Hurghada 83
Ismailiya 78
Kairo 6, 10, 19, 29, 33, *34*, **35**, 93, 94
Kharga 88
Kom Ombo 64
Luxor 33, **58**, 91, 93
Marsah Matruh 6, 68, **74**
Mitrahina 46
Minia 64
Na'ama Bay 81
Nuveiba **81**, 91
Oase Bahariya 85
Oase Dakhlá 87
Oase Farafra 86
Oase Al Fayum 46
Oase Feiran 81
Oase Kharga 88
Oase Siwa 86, **88**
Port Fuad 79
Port Said 79
Quseir 83
Ras Muhammad 82
Ras Safarana 82
Rosetta 68, **73**
Sakkara (Memphis) 22, **46**
San el Hagar 47
Shakshouk 47
Sharm El Sheikh 81
Sidi Abd El Rahman 75
Sohag 64
Suez(-Kanal) 78 f.
Tanta 67, **75**
Taba 83
Tanis 47
Theben 49, 52, 58 ff.
Weiße Wüste *84*, **86**

Moscheen/Pyramiden/Sehenswürdigkeiten

Ägyptisches Museum (K) 42
Aga Khan Mausoleum (AS) 53
Alabaster-Moschee (Muhammad-Ali-Moschee) (K) 40
Al-Aqmar-Moschee (K) 40
Al-Azhar-Moschee (K) 40
Amphitheater Kom El Dik (AL) 70
Amr-Moschee (K) 40
Antonius-Kloster (Ras Safarana) 82
Aqsunqur-Moschee (Blaue Moschee) (K) 40
Cairo Tower 37
Deir Al Adra (M) 65
Deir al Medina (Gräber der Arbeiter) (L) 60
Dendera (L) 63
Elephantine (AS) 53
Emir-Khayybay-Moschee (K) 40
Felsengräber (AS) 54
Felsengräber von Beni Hassan (M) 65
Fort Quait-Bay (AL) 69
Gayer-Anderson Museum (K) 42
Gräber der Noblen (L) 61
Griechisch-Römisches Museum (AL) 71
Hakim-Moschee (K) 40
Hermopolis (M) 65
Hydrobiologisches Museum (AL) 71
Ibn-Tulun-Moschee (K) *34*, **41**
Islamisches Museum (K) 42
Juwelenmuseum (AL) 71
Kalabsha Tempel (AS) 56
Kamelmarkt in Imbaba (K) 47
Karnak-Tempel (L) **48**, **59**
Katakomben von Kom El Shu Kafa (AL) 71
Katharinenkloster (S) **79**, *80*
Kitchener Island (AS) 54
Koptisches Museum (K) 43
Koptische Klöster 69, 73
Koptisches Viertel (Alt Kairo) 37
Kuppelgräber von Saujat Al Amwad/Saujat Al Maitin (M) 65
Landwirtschafts-Museum (K) 43
Luxor-Museum 63
Luxor-Tempel 59
Manyal-Palast (K) 37
Maridani-Moschee (K) 41
Medinat Habu (L) 60
Memnonskolosse (L) 60
Menas-Kloster (AL) 73
Moschee Abu Al Abbas Al Mursi (AL) 70
Mosesberg (Gebel Musa) (S) 80
Muquattam Hügel (K) 37
Museum von Elephantine (AS) 55
Nekropole von Anfushi (AL) 70
Nil-Barrages (K) 47
Nilometer (K) 37
Papyrus-Institut (K) 43
Paulus-Kloster (Ras Safarana) 82
Philae/Agilika (AS) 54
Pyramiden von Dahschur (Al Fayum) 46
Pyramiden von Gizeh (K) 22, **38**, 93 f.
Pyramide von Hawara 46
Pyramide von Illahun 46
Pyramide von Maidun (Al Fayum) 46
Ramesseum (L) 60
Ras-El-Tin-Palast (AL) 70
Rifai-Moschee (K) 41
Ruinen von Dime 47
Ruinen von Dionysiae 47
Säule des Pompeius (AL) 70
Simeonskloster (AS) 54
Sphinx (K) *4*, 38
Stadttore (K) 39
Staudämme (AS) 54
Sultan-Barquq-Moschee (K) 41
Sultan-Hassan-Moschee (K) **41**, **42**
Tal der Könige (L) 61
Tal der Königinnen (L) 60
Tempel von Abu Simbel (AS) 57
Tempel von Abusir (AL) 73
Tempel von Dionysiae 47
Tempel der Hatschepsut (L) 61
Totenstadt (K) 39
Totentempel des Sethos (L) 62
Unvollendeter Obelisk (AS) 55
Wadi Natrun 68, **73**
Zitadelle (K) 39

Was bekomme ich für mein Geld?

 Kurze Frage, kurze Antwort: viel. Die Währungseinheit ist das ägyptische Pfund (livre egyptienne), Abkürzung LE. Für 1 Mark erhalten Sie in den Banken etwa 2 LE (Stand: 1997). Der Eintritt für die Tempel und Pyramiden liegt inzwischen bei 20 LE. 1996 wurden die Preise drastisch erhöht. Mit weiterem Preisanstieg ist zu rechnen. Studenten erhalten häufig Ermäßigung bei Vorlage ihres Ausweises. Dies gilt auch für Bahnfahrkarten und für Flugtickets der Egypt Air.

Für den Fladen *Aish baladi* bezahlen Sie 5 Piaster (100 P. = 1 LE), *Taamiya* aus der Garküche kostet 50 Piaster, Fetir 1,50 LE. Für Cola, Limonade müssen Sie mit 2 bis 3 LE rechnen, desgleichen für den *ahwa turkiya*. Auch Bier und einheimischer Wein sind preiswerte Vergnügen: Mit 3 bis 6 LE sind Sie dabei. Das Porto für einen Luftpostbrief nach Deutschland beträgt 100 Piaster, die Ansichtskarte an die Lieben daheim muß mit ebenfalls mit 100 Piastern freigemacht werden. Für eine Bauchtanzshow müssen Sie tiefer in die Tasche greifen und zirka 100 LE einkalkulieren. Karten für die Cairo Opera kosten zwischen 12 und 30 LE. Ein Kamelritt sollte pro Person und Stunde nicht mehr als 10 LE kosten. Ein Paar gute Schuhe oder eine Lederhandtasche in gehobener Qualität kosten etwa 50 LE bzw. 80–100 LE; eines der schönen alten und überdies ungemein dekorativen Kupfertabletts im Basar ist, je nachdem, wie gut Sie die Kunst des Handelns beherrschen, für 100 bis 150 LE zu haben. Silberarmreifen gibt's ab 40 LE.

Aufgrund des Verfalls der ägyptischen Währung ist damit zu rechnen, daß die Preise allmählich ansteigen werden. Deshalb kann auch die Einteilung der Hotels und Restaurants in Kategorien nur als Richtschnur verstanden werden.

Hotelrechnungen sind in Devisen zu zahlen oder in ägyptischer Währung, wenn man einen ordnungsgemäßen Bankbeleg über den Umtausch vorlegen kann. Kreditkarten werden in großen Hotels und Restaurants akzeptiert, gelegentlich ist ein Aufschlag zu zahlen.

Damit macht Ihre nächste Reise mehr Freude:

Die neuen Marco Polo Sprachführer. Für viele Sprachen.

Sprechen und Verstehen ganz einfach. Mit Insider-Tips.

Das und vieles mehr finden Sie in den Marco Polo Sprachführern:
- Redewendungen für jede Situation
- Ausführliches Menü-Kapitel
- Bloß nicht!
- Reisen mit Kindern
- Die 1333 wichtigsten Wörter

ARABISCH ZUM ZEIGEN

(Die wichtigsten Sehenswürdigkeiten und Orte)

Alexandria	الإسكندرية
Abukir	ابوكير
Amphitheater Kom El Dik	تياترو كوم الدك
Atarin-Viertel	حي العطارين
Athineos	اتينيوس
Cecil Pullman Hotel	هوتيل سسل بولمان
El Alamein	العلمين
Fort Qait-Bay	قامة قايتباي
Griechisch-Römisches Museum	المتحف اليوناني الروماني
Hannoville Hotel	هوتيل هانوفيل
Hydrobiologisches Museum	متهف الاحاي المائة
Juwelenmuseum	متهف الجواهر
Katakomben von Kom El Shukafa	مقابر كوم الشقافة
Menas-Kloster	دير ميناس
Metropole Hotel	هوتيل ميتروبول
Montazah Sheraton Hotel	هوتيل شراتون المنتزة
Moschee des Abu Al Abbas Al Mursi	مسجد ابو العباس المرسي
Nekropole von Anfushi	مقابر الأنفوشي
Palestine Hotel	هوتيل فلسطين
Pastroudis	مطعم بستروديس
Ras El Tin-Palast	قصر رأس التين
Rosetta	روستا
San Giovanni	مطعم سان جوفاني
Santa Lucia	مطعم سانتا لوسيا
Säule des Pompeius	عمود بومبيس
Seagull	مطعم سيجال
Sephyrion	مطعم سفيريون
Souks	الاسواق
Tempel von Abusir	معبد ابوصير
Wadi Natrun	وادي النطرون
Assiut	اسيوط
Amarna	العمارنة
Badr-Hotel	فندق بدر
Assuan	اسوان
Abu Simbel Hotel	هوتيل ابو سمبل
Aga Khan Mausoleum	ضريح اغا خان
Darau	دروة
Elephantine	الفنتين
Felsengräber	مقابر
Isis-Hotel-Trattoria	هوتيل ايسيس ترتورية
Kalabsha-Hotel	هوتيل كلابشة
Kalabsha-Tempel	معبد كلابشة
Kitchener Island	جزيرة كتشنر
Mona Lisa	مطعم مونا ليزا
Museum von Elephantine	متحف الفنتين
Nefertari-Hotel	هوتيل نفرتاري

Old Cataract Hotel	هوتيل اولد كا تاركت
Philae	فيلة
Simeonskloster	دير سمعن
Staudamm (Sadd Al Ali)	السد العالى
Tempel von Abu Simbel	معبد ابو سمبل
Unvollendeter Obelisk	المسلة المقلوبة
El Arish	العريش
Oberoi-Hotel	هوتيل اوبروى
Sinai Beach Hotel	هوتيل شاطى سينا
Sinai Sun Hotel	هوتيل شمس سينا
Suez-Kanal-Zone	منطقة قنال السويس
Hurghada	الغردقة
Giftun Tourist Village	قرية جفتون السياحية
Hotel Arabia	هوتيل عربية
Quseir Sirena Beach Hotel	هوتيل شاطى سيرينا القصير
Sheraton Hotel Hurghada	هوتيل شراتون الغردقة
White House Hotel	هوتيل البيت الابيض
Katharinenkloster	دير سنت كترين
Blaue Wüste	المحرة الزرقة
Dahab Novotel Holiday Village	قرية نوفوتل دهب
Daniela Village	قرية دانيلا
Mosesberg (Gebel Musa)	جبل موسى
Oase Feiran	واحة الفيرانى
St. Catherine Tourist Village	قرية سنت كترين السياحية
Luxor	الاقصر
Abydos	ابيدوس
Deir Al Medina (Gräber der Arbeiter)	دير المدينة
Dendera	دندرة
Edfu	ادفو
Emilio Hotel	هوتيل اميليو
Esna	اسنا
Gräber der Noblen	مقابر النبيلين
Jolie Ville Mövenpick Hotel	هوتيل جولى فيل موفنبك
Karnak-Tempel	معبد الكرنك
Kom Ombo	كوم امبو
Luxor-Hotel/Restaurant	هوتيل و مطعم الاقصر
Luxor-Museum	متحف الاقصر
Luxor-Tempel	معبد الاقصر
Marhaba	مرحبا
Medinat Habu	مدينة هابو
Memnonskolosse	معبد ممنون
Mena Palace Hotel	هوتيل مينا بالاس
Old Winter Palace Hotel	هوتيل اولد ونتر بالاس
Ramesseum	رمسيوم
Santa Maria Hotel	هوتيل سنتا ماريا
Savoy-Hotel/Restaurant	هوتيل و مطعم سافوى
Sohag	سوهاج
Tal der Könige	وادى الملوك
Tal der Königinnen	وادى الملكات

ARABISCH ZUM ZEIGEN

Tempel der Hatschepsut	معبد هتشبسوت
Totentempel des Sethos	معبد اموا تسيتهوس
Kairo	القاهرة
Abu Shaqra	ابو شقرة
Ägyptisches Museum	المتحف المصرى
Alabaster-Moschee	مسجد محمد على
Al Aqmar-Moschee	مسجد الاقمار
Al Azhar-Moschee	مسجد الازهر
Al Mashrabiya Restaurant	مطعم المشربية
Amr-Moschee	مسجد عمر
Andrea's	مطعم اندرياس
Aqsunqur-Moschee	مسجد اقصنقور
Café Groppi	مقهى جروبى
Cairo Marriott Hotel	هوتيل ماريوت القاهرة
Cairo Opera	دار الاوبرا القاهرة
Cairo Sheraton Hotel Giza	هوتيل شراتون القاهرة جزة
Cairo Tower	برج القاهرة
Cosmopolitan Hotel	هوتيل كوسموبولتان
El Badawi Restaurant	مطعم البدوى
Emir Khayybak-Moschee	مسجد اميرى بك
Felfela	مطعم فلفلة
Fishawi	مقهى فشاوى
Gayer-Anderson-Museum	متحف جاير - اندرسون
Hakim-Moschee	مسجد الحاكم
Ibn Tulun-Moschee	مسجد ابن طولون
Islamisches Museum	المتحف الاسلامى
Kamelmarkt von Imbaba	سوق الجمال فى امبابة
Khan El Khalili Basar	سوق خان الخليلى
Koptisches Museum	المتحف القبطى
Koptisches Viertel	الحى القبطى
Manyal-Palast	قصر المنيّل
Maridani-Moschee	مسجد ماردانى
Mena House Oberoi Hotel	هوتيل مينا هوس اوبروى
Muqattam-Hügel	هضبة المقطم
Nil-Barrages	باراج النيل
Nilometer	نيلومتر
Oase El Fayum	واحة الفيوم
Papyrus-Institut	متحف البابيروس
Pyramide von Maidun	اهرام مايدون
Pyramiden von Dahschur	اهرام دحور
Pyramiden von Gizeh	اهرام الجزة
Rifai Moschee	مسجد الرفاعى
Sakkara	سقارة
Stadttor Bab Al Futuh	بوابة باب الفتوح
Stadttor Bab Al Nasr	بوابة باب النصر
Sultan Barquq-Moschee	مسجد السلطان برقوق
Sultan Hassan-Moschee	مسجد السلطان حسن
Totenstadt	مدينة الموات
Um Kalthum Theater	مسرح ام كلثوم

Victoria Hotel	هوتيل فيكتوريا
Zitadelle	القلعة
Marsa Matruh	مرسى مطروح
Ageeba-Strand	شاطئ عجيبة
Beau Site Hotel	هوتيل بو سيت
Hotel Arouss El Bahr	هوتيل عروس البحر
Negresco Hotel	هوتيل نيكرسكو
Minia	المنيا
Café/Restaurant Nanni	مقهى ومطعم ناني
Deir al Adra	دير العدرا
Felsengräber von Beni Hassan	مقابر بني حسن
Hermopolis	هيرموبوليس
Ibn Khassib Hotel	هوتيل ابن خسيب
Pullman Azur Nefertiti Hotel	هوتيل بولمان عزور نفرتتي
Saujat Al Amwad/Saujat Al Maitin	زوجات الاموات/ زوجات الميا تين
Na'ama Bay	نعامة بية
Fayrouz Village	قرية فيروز
Sanafer Hotel	هوتيل صنا فر
Nuveiba	نوفبيع
Hilton Coral Resort	هوتيل هيلتون كورل
Sally Land Tourist Village	قرية سالي لاند السياحية
Oase Bahariya	واحة البحرية
Weiße Wüste	الصحراء البيضاء
Oase Dakhla	واحة الدخلة
Oase Farafra	واحة الفرافرة
Oase Kharga	واحة الخارجة
Oase Siwa	واحة سيوة
Sharm El Sheikh	شرم الشيخ
Antonius-Kloster	دير انطونيوس
Coral Bay Hotel	هوتيل كورل بية
Falcon Al Diar Hotel	هوتيل فالكون الديار
Halomy Village	قرية هالومي
Paulus-Kloster	دير بولوس
Ras Muhammad	رأس محمد
Ras Safarana	رأس زعفرانة
Taba Hilton Hotel	هوتيل طابا هيلتون
Sidi Abd El Rahman	سيدي عبد الرحمان
El Alamein-Hotel	هوتيل العلمين
Tanta	طنطا
Arafa-Hotel	هوتيل عرفة
Wichtige Begriffe	
Bahnhof	محطة القطار
Busbahnhof	مركز انطلاق اوتوبيسات
Damentoilette	مرحاض السيدات
Flughafen	المطار
Herrentoilette	مرحاض الرجال
Polizeistation	مخفر الشرطة
Postamt	مكتب البوستة
Tourist Information	مركز استعلامات سياحي

SPRACHFÜHRER ARABISCH

Sprechen und Verstehen ganz einfach

Zur Erleichterung der Aussprache sind alle arabischen Wörter mit einer einfachen Aussprache (in der mittleren Spalte) versehen.
Folgende Zeichen sind Sonderzeichen für die arabische Aussprache:
t wie das stimmlose engl. „*th*" in *th*ing, und d wie das stimmhafte „*th*" in *th*e.
ā, ū, ī werden lang ausgesprochen wie in *Hah*n, *Huh*n, *Mie*te.
' ist ein stimmhafter Kehllaut, klingt wie ein aus der Kehle gepreßtes „*a*".
gh ist ein ungerolltes Zäpfchen-r wie in hochdeutsch *war*en.

AUF EINEN BLICK

Ja.	na'am	نَعَمْ
Nein.	lā/kallā	لَا/كَلَّا
Bitte.	'afwan	عَفْوًا
Danke!	schukran	شُكْرًا!
Entschuldigung!	'udran	عُذْرًا!
Wie bitte?	na'am	نَعَمْ؟
Können Sie mir bitte helfen?	hal tastatī' (*f* -īn) musā'adatī min fadlak (*f* -ik)	هَلْ تَسْتَطِيعُ مُسَاعَدَتِي مِنْ فَضْلِكَ؟
Ich möchte ...	urīd ...	أُرِيدُ ...
Wieviel kostet es?	māda jukallif	مَاذَا يُكَلِّفُ؟
Wieviel Uhr ist es?	kam is-sā'a	كَمِ السَّاعَةُ؟

KENNENLERNEN

Guten Tag!	as-salāmu 'alaikum	السَّلَامُ عَلَيْكُمْ!
Guten Abend!	masā l-chair	مَسَاءَ الْخَيْرِ!
Hallo!/Grüß dich!	marhaban	مَرْحَبًا!
Auf Wiedersehen!	ilā l-liqā/ ma'a s-salāma	إِلَى اللِّقَاءِ/مَعَ السَّلَامَةِ!
Tschüs!	salām	سَلَامْ!

UNTERWEGS

Auskunft

links/rechts	jasāran / jamīnan	يَسَارًا / يَمِينًا
geradeaus	ilā l-amām	إِلَى الأَمَامِ
nah/weit	qarīb / ba'īd	قَرِيبٌ / بَعِيدٌ
Bitte, wo ist ...?	min fadlak (f -ik), ain ...	مِنْ فَضْلِكَ، أَيْنَ ... ؟
Wie weit ist das?	kam il-masāfa	كَمِ الْمَسَافَةُ؟

Panne

Ich habe eine Panne.	ta'attalat sajjāratī	تَعَطَّلَتْ سَيَّارَتِي
Würden Sie mein Auto bis zur nächsten Werkstatt abschleppen?	hal tastatī' sahb sajjāratī hattā aqrab warscha	هَلْ تَسْتَطِيعُ سَحْبَ سَيَّارَتِي حَتَّى أَقْرَبِ وَرْشَةٍ؟
Wo ist hier die nächste Werkstatt?	ain tūdschad aqrab warscha	أَيْنَ تُوجَدُ أَقْرَبُ وَرْشَةٍ؟

Tankstelle

Ich möchte ... Liter	urīd ... litr	أُرِيدُ ... لِتْرًا
Normalbenzin.	min il-bansīn il-'ādī	مِنَ الْبَنْزِينِ الْعَادِيِّ
Super.	min il-bansīn il-mumtās	مِنَ الْبَنْزِينِ الْمُمْتَازِ
Diesel.	min id-dīsil	مِنَ الدِّيزِلِ
Volltanken, bitte.	imla l-chassān min fadlak	إِمْلَإِ الْخَزَّانَ مِنْ فَضْلِكَ

Unfall

Hilfe!	an-nadschda	اَلنَّجْدَةَ!
Rufen Sie bitte schnell ...	utlub (f utlubī) bi-sur'a. min fadlak (f -ik) ...	أُطْلُبْ بِسُرْعَةٍ مِنْ فَضْلِكَ ..
einen Krankenwagen.	sajjārat is'āf	سَيَّارَةَ إِسْعَافٍ
die Polizei.	asch-schurta	اَلشُّرْطَةَ
die Feuerwehr.	al-itfāīja	الإِطْفَائِيَّةَ
Es war meine/Ihre Schuld.	anā/anta (f anti) l-masūl (f -a) 'an wuqū' l-hādit	أَنَا/أَنْتَ الْمَسْؤُولُ عَنْ وُقُوعِ الْحَادِثِ

SPRACHFÜHRER ARABISCH

ESSEN

Wo gibt es hier ...	ain jūdschad hunā ...	أَيْنَ يُوجَدُ هُنَا ...
ein gutes Restaurant?	mat'am dschajjid	مَطْعَمٌ جَيِّدٌ؟
ein nicht zu teures Restaurant?	mat'am mu'tadil il-as'ār	مَطْعَمٌ مُعْتَدِلُ الأَسْعَارِ؟
Gibt es hier ein Café/eine Teestube?	hal tūdschad hunā maqhā	هَلْ تُوجَدُ هُنَا مَقْهًى؟
Reservieren Sie uns bitte für heute abend einen Tisch für 4 Personen.	ihdschis lanā min fadlak tāwila li-arba'at aschchās hādā l-masā	اِحْجِزْ لَنَا مِنْ فَضْلِكَ طَاوِلَةً لِأَرْبَعَةِ أَشْخَاصٍ هَذَا الْمَسَاء
Auf Ihr Wohl!	fī sihhatak (f -ik)	فِي صِحَّتِكَ!
Bezahlen, bitte.	al-hisāb min fadlak	اَلْحِسَابَ مِنْ فَضْلِكَ
Hat es geschmeckt?	hal kān it-ta'ām tajjib	هَلْ كَانَ الطَّعَامُ طَيِّبًا؟
Das Essen war ausgezeichnet.	kān it-ta'ām mumtās	كَانَ الطَّعَامُ مُمْتَازًا

ÜBERNACHTUNG

Können Sie mir bitte ... empfehlen?	hal min il-mumkin an turschidnī ilā ...	هَلْ مِنَ الْمُمْكِنِ أَنْ تُرْشِدَنِي إِلَى ...
ein gutes Hotel	funduq dschajjid	فُنْدُقٍ جَيِّدٍ؟
eine Pension	nusul/bansjōn	نُزُلٍ/بَنْسْيُونٌ؟
Haben Sie noch Zimmer frei?	hal ladaikum ghurfa ...	هَلْ لَدَيْكُمْ غُرْفَةٌ ...؟
ein Einzelzimmer	ghurfa li-schachs wāhid	غُرْفَةٌ لِشَخْصٍ وَاحِدٍ
ein Zweibettzimmer	ghurfa li-schachsain	غُرْفَةٌ لِشَخْصَيْنِ
mit Bad	fīhā hammām	فِيهَا حَمَّامٌ
für eine Nacht	li-laila wāhida	لِلَيْلَةٍ وَاحِدَةٍ
für eine Woche	li-usbū'	لِأُسْبُوعٍ
Was kostet das Zimmer mit ...	kam tukallif il-ghurfa ...	كَمْ تُكَلِّفُ الْغُرْفَةُ ...؟
Frühstück?	ma'a l-futūr	مَعَ الْفُطُورِ؟
Halbpension?	ma'a wadschbatain	مَعَ وَجْبَتَيْنِ؟

PRAKTISCHE INFORMATIONEN

Arzt

Können Sie mir einen guten Arzt empfehlen?	hal tastatī' an tuschīr 'alajja bi-tabīb	هَلْ تَسْتَطِيعُ أَنْ تُشِيرَ عَلَيَّ بِطَبِيبٍ؟
Ich habe hier Schmerzen.	asch'ur bi-ālām hunā	أَشْعُرُ بِآلَامٍ هُنَا

Bank

Wo ist hier bitte eine Bank?	ain jūdschad hunā masrif min fadlak (f -ik)	أَيْنَ يُوجَدُ هُنَا مَصْرِفٌ مِنْ فَضْلِكَ؟
Ich möchte ...	urīd an uhawwil	أُرِيدُ أَنْ أُحَوِّلَ ...
... DM	... min il-mārk il-almānī	... مِنَ المَارْكِ الأَلْمَانِيِّ
... Schilling	... min isch-schiling	... مِنَ الشِّلِنْغْ
... Schweizer Franken	... min il-fränk as-siwīsrī	... مِنَ الفْرَانْكْ السُّوِيْسْرِيِّ
in ... wechseln.	ilā ...	إِلَى ...

Zahlen

0	sifr	٠ - صِفْرٌ	16	sittata 'aschar	١٦ - سِتَّةَ عَشَرَ
1	wāhid	١ - وَاحِدٌ	17	sab'ata 'aschar	١٧ - سَبْعَةَ عَشَرَ
2	itnān	٢ - إِثْنَانِ	18	tamānijata 'aschar	١٨ - ثَمَانِيَةَ عَشَرَ
3	talāta	٣ - ثَلَاثَةٌ	19	tis'ata 'aschar	١٩ - تِسْعَةَ عَشَرَ
4	arba'a	٤ - أَرْبَعَةٌ	20	'ischrūn	٢٠ - عِشْرُونَ
5	chamsa	٥ - خَمْسَةٌ	30	talātūn	٣٠ - ثَلَاثُونَ
6	sitta	٦ - سِتَّةٌ	40	arba'ūn	٤٠ - أَرْبَعُونَ
7	sab'a	٧ - سَبْعَةٌ	50	chamsūn	٥٠ - خَمْسُونَ
8	tamānija	٨ - ثَمَانِيَةٌ	60	sittūn	٦٠ - سِتُّونَ
9	tis'a	٩ - تِسْعَةٌ	70	sab'ūn	٧٠ - سَبْعُونَ
10	'aschra	١٠ - عَشَرَةٌ	80	tamānūn	٨٠ - ثَمَانُونَ
11	ahadā 'aschar	١١ - أَحَدَ عَشَرَ	90	tis'ūn	٩٠ - تِسْعُونَ
12	itna 'aschar	١٢ - إِثْنَا عَشَرَ	100	mia	١٠٠ - مِئَةٌ
13	talātata 'aschar	١٣ - ثَلَاثَةَ عَشَرَ	1000	alf	١٠٠٠ - أَلْفٌ
14	arba'ata 'aschar	١٤ - أَرْبَعَةَ عَشَرَ	10 000	'aschrat ālāf	١٠٠٠٠ - عَشْرَةُ آلَافٍ
15	chamsata 'aschar	١٥ - خَمْسَةَ عَشَرَ			

SPRACHFÜHRER ARABISCH

قَائِمَةُ الطَّعَامِ

qāimat it-ta'ām

Speisekarte

FRÜHSTÜCK	futūr	فُطُور
Fladenbrot	raghīf	رَغِيفْ
Brot	chubs	خُبْزْ
Toast	tōst/chubs muqammar	تُوسْتْ / خُبْزٌ مُقَمَّرْ
weichgekochtes Ei	baida nisf maslūqa	بَيْضَةٌ نِصْفْ مَسْلُوقَه
hartgekochtes Ei	baida maslūqa	بَيْضَةٌ مَسْلُوقَه
Spiegeleier	baid maqlī	بَيْضْ مَقْلِي
Butter	subda	زُبْدَه
Käse	dschubn	جُبْنْ
Schafs~	dschubn min laban il-ghanam	جُبْنْ مِنْ لَبَنِ الْغَنَمِ
Weich~	dschubn tariī / dschubn lajjin	جُبْنْ طَرِيٌّ / جُبْنْ لَيِّنْ
Ziegen~	dschubn min laban il-mā'is	جُبْنْ مِنْ لَبَنِ الْمَاعِزِ
Wurst	sudschuq	سُجُقْ
Honig	'asal	عَسَلْ
Marmelade	murabba	مُرَبَّى
Joghurt	laban sabādī	لَبَنْ زَبَادِيْ
Omelett	'udschdscha	عُجَّه

VORSPEISEN	muqabbilāt	مُقَبِّلَاتْ
Meze – verschiedene Vorspeisen	massa munawwa'a	مَزَّةٌ مُنَوَّعَه
gegrillte Garnelen	dschambarī maschwī	جَمْبَرِي مَشْوِي

ZWISCHENMAHLZEITEN	wadschabāt chafīfa	وَجَبَاتٌ خَفِيفَةٌ
Falafil	falāfil	فَلَافِلْ (Orient)
Leber-Sandwich	sandawīsch kibda	سَنْدَوِيشْ كِبْدَه
Kebab	kabāb	كَبَابْ
Pferdebohnen-Gericht	fūl mudammas	فُولْ مُدَمَّسْ (Orient)
Würste	naqāniq	نَقَانِقْ
Feingebäck	fatāir	فَطَائِرْ

HAUPTMAHLZEITEN	wadschabāt raīsīja	وَجَبَاتٌ رَئِيسِيَّةٌ
Couscous mit Lammfleisch	kuskusī bi-l-lahm il-charūf	كُسْكُسى بِلَحْمِ الخَرُوفْ (Maghreb)
Fleischbraten	lahm muhammar	لَحْمٌ مُحَمَّرْ
gegrilltes Fleisch	lahm maschwī	لَحْمٌ مَشْوِي
gegrillter Fisch	samak maschwī	سَمَكٌ مَشْوِي
Hackbraten	kifta	كِفْتَه
gebackenes Hähnchen	dadschādsch fī l-furn	دَجَاجٌ فِي الفُرْنْ
Mulukiyya mit Tauben	mulūchīja bi-l-hamām	مُلُوخِيَّه بِالحَمَامْ (Ägypten)
Nudelauflauf	makrūna fī l-furn	مَكْرُونَه فِي الفُرْنْ (Orient)

GEMÜSE	chudar/chudār	خُضَرْ/خُضَارٌ
Reis	russ	رُزْ
Kartoffeln	batātā	بَطَاطَا
Nudeln	makrūna	مَكْرُونَه

SUPPEN	schurba / hasā	شُرْبَه / حَسَاء
Gemüsesuppe	schurbat chudar	شُرْبَةُ خُضَرْ
Fischsuppe	schurbat samak	شُرْبَةُ سَمَكْ

SPRACHFÜHRER ARABISCH

SALATE	salata	سَلَطَةٌ
grüner Salat	salata chadra	سَلَطَةٌ خَضْرَه
Tomatensalat	salata tamātim	سَلَطَةٌ طَمَاطِمْ
Tabula	tabbūla	نَبُّولَه (Libanon)

OBST UND SÜSSPEISEN	fawākih wa-halāwā	فَوَاكِه وَحَلَاوَى
Orangen	burtuqāl	بُرْتُقَالْ
Äpfel	tuffāh	تُفَّاحْ
Birnen	idschdschās	إِجَّاصْ
Granatäpfel	rummān	رُمَّانْ
Feigen	tīn	تِينْ
Kaktusfeigen	tīn schaukī	تِينٌ شَوكِي
Pfirsiche	chauch / durrāq	خَوخْ / دُرَّاقْ (Syrien)
Aprikosen	mischmisch	مِشْمِشْ
Mango	mangō	مَنْجُو
frische Datteln / getrocknete Datteln	balah / tamr	بَلَحْ / تَمْرْ
Trauben	'inab	عِنَبْ
Maulbeeren	tūt	تُوتْ
Melonen	battīch	بَطِّيخْ
Quitten	safardschal	سَفَرْجَلْ
Bananen	maus	مَوزْ
Baklawa	baqlāwa	بَقْلَاوَه
Keks-Feingebäck	ka'k	كَعْكْ
Basbousa	basbūsa	بَسْبُوسَه (Ägypten)
verschiedenartige, sehr schmackhafte orientalische Süßigkeiten	halawījāt schāmīja	حَلَوِيَّاتْ شَامِيَّه

قَائِمَةُ المَـشْرُوبَاتِ
qāimat il-maschrūbāt
Getränkekarte

Tee mit Milch / mit Zitrone	schāi bi-l-halīb / bi-l-laimūn	شَايٌ بِالحَلِيبِ / بِاللَّيْمُون
Tee mit Minze	schāi bi-n-na'nā' (Nordafrika)	شَايٌ بِالنَّعْنَاعْ
schwarzer Kaffee	qahwa bi-lā halīb	قَهْوَةٌ بِلَا حَلِيبٍ
Kaffee mit Milch	qahwa bi-l-halīb	قَهْوَةٌ بِالحَلِيبِ
arabischer Kaffee	qahwa 'arabīja	قَهْوَةٌ عَرَبِيَّه
arabischer Kaffee mit Kardamom	qahwa 'arabīja bi-l-hāl	قَهْوَةٌ عَرَبِيَّةٌ بِالهَالْ
Kaffee mit Orangenblütenwasser	qahwa (bi-mā) is-sahr	قَهْوَةٌ (بِمَاءِ) الزَّهْرْ (Tunesien)
kalte / warme Milch	halīb bārid / sāchin	حَلِيبٌ بَارِدْ / سَاخِنْ
Limonade	limōnāda	لِيمُونَادَه
Mineralwasser	mā ma'danī	مَاءٌ مَعْدَنِي
Orangensaft	'asīr burtuqāl	عَصِيرُ بُرْتُقَال
Karottensaft	'asīr dschasar	عَصِيرُ جَزَرْ
Mangosaft	'asīr mandscha	عَصِيرُ مَنْجَه
Zuckerrohrsaft	'asīr qasab is-sukkar	عَصِيرُ قَصَبِ السُّكَّرْ (Ägypten)
Wein	chamr/nabīḏ	خَمْرْ/نَبِيذْ
Rosé~	nabīḏ rōsē	نَبِيذْ رُوزِيه
Rot~	nabīḏ ahmar	نَبِيذْ أَحْمَرْ
Weiß~	nabīḏ abjad	نَبِيذْ أَبْيَضْ
Bier	bīra	بِيرَةٌ